W0221090

LE TOUR DE FRANCE
ET LA FRANCE DU TOUR

Du même auteur

Délinquance routière, vers la fin du scandale ?, Milan, 2003.
Dico inespéré de la droite, avec Bernard Mazières, Éditions du Parisien, 2007
Élysée 2007, Les questions clefs des Français, avec Henry Vernet et Eddy Fourgier, Lignes de repères, 2007.
À quoi servent les députés ?, Larousse, 2008.
Faut-il arrêter le Tour de France ?, Larousse, 2009.
Chambre S 10, Tirésias, 2013.
Le Fait du prince, Calmann-Lévy, 2017.

Béatrice Houchard

LE TOUR DE FRANCE ET LA FRANCE DU TOUR

CALMANN LÉVY

Couverture
Maquette : Olo.éditions
Illustration : © Mdesignstudio/Shutterstock

ISBN : 978-2-7021-6673-4

À Claire et à Bénédicte,
en souvenir des mois de juillet de leur enfance.

« Chaque mois de juillet, surgit magiquement un État dans l'État : le Tour de France. Et cet État confine à l'état de grâce. »

François MITTERRAND

« Avec le Tour, triomphe l'image de cette France unifiée par le sol, image populaire, plus forte sans doute que celle d'une unité promue par la langue ou par les mœurs [...] L'invention du maillot jaune ajoute au récit quotidien. »

Georges VIGARELLO

« Le Tour est une mélancolie. »

Philippe BRUNEL

UN MAILLOT TRÈS « SPÉCIAL »

Il est apparu sans faire de bruit, dans une discrétion quasi totale, le 19 juillet 1919. La scène se déroule cours Gambetta à Grenoble, dans l'arrière-salle du café L'Ascenseur, tenu par M. Faisan, avant le départ de la onzième étape. Le directeur du Tour de France, Henri Desgrange, qui a créé l'épreuve en 1903, remet un maillot jaune au coureur qui occupe la première place au classement général. Il est français et s'appelle Eugène Christophe. L'instant est solennel et va marquer toute une vie : quand il mourra en 1970, Eugène Christophe, surnommé « le Vieux Gaulois » en raison de ses moustaches, sera enterré au cimetière de Malakoff revêtu de son maillot jaune.

L'information, pourtant, ne fait pas la une des journaux. Pas même celle de *L'Auto*, le quotidien organisateur. Il faut aller en haut de la première colonne de la page 2 du journal pour lire cette brève de sept lignes, rédigée par Henri Desgrange lui-même : « J'ai remis ce matin au vaillant Christophe un superbe Maillot jaune. Vous savez déjà que notre directeur a décidé que l'homme de tête du classement général revêtirait un maillot aux couleurs de *L'Auto*. La lutte va être passionnante pour la possession du maillot ! Alavoine et surtout Lambot voudraient bien le porter. »

Le 10 juillet, également en page 2, la décision avait été annoncée sous le titre « Pour reconnaître le leader » : « Afin de permettre aux sportsmen de reconnaître du premier coup d'œil dans le peloton des Tours de France le leader de notre grande randonnée, notre rédacteur en chef, Henri Desgrange, vient de décider qu'à l'avenir le routier figurant à la première place du classement général sera porteur d'un maillot spécial. Ce maillot est aujourd'hui commandé, il est probable que dès Marseille le leader du Tour en sera détenteur. » L'information est noyée dans la liste des hôtels où l'on peut écrire aux coureurs cyclistes entre Perpignan et Paris et l'annonce d'une réclamation contre un concurrent qui aurait utilisé le chemin de fer au cours de l'étape Le Havre-Cherbourg ! Il est seulement question d'un « maillot spécial », qui ne sera pas prêt à Marseille le 13 juillet mais six jours plus tard, à Grenoble, déposant une tache de couleur dans un peloton de maillots gris et indistincts.

Pourquoi jaune ? L'historien Michel Pastoureau, spécialiste des couleurs, explique que le jaune a toujours été mal aimé, comme le montrent les études réalisées depuis la fin du XIXe siècle pour savoir quelles sont les couleurs de base préférées des populations : « En France et en Europe, de 1880 jusqu'à aujourd'hui, écrit-il, ce classement est toujours resté le même, malgré les mutations techniques et les transformations sociales : bleu, vert, rouge, blanc, noir, jaune, et ce, aussi bien pour les hommes que pour les femmes et quels que soient l'âge et la catégorie professionnelle[1]. »

Pauvre couleur jaune ! À travers les âges, elle est celle des traîtres, de la mort, du désordre ou de la folie, avant d'être celle des briseurs de grèves et des maris trompés. Mais le quotidien *L'Auto* est imprimé en jaune, « un de ces jaunes pâles et ternes dont on usait alors pour colorer les papiers bon marché [...] un jaune ni valorisé ni valorisant », selon Michel Pastoureau[2]. Ce sera donc jaune. Accessoirement, le jaune permet d'être vu de nuit et lorsque les coureurs évoluent dans les territoires ravagés par la guerre : « Dans les gravats, il fallait un astre », explique l'actuel directeur du Tour, Christian Prudhomme[3]. Les coureurs eux-mêmes sont heureux de pouvoir repérer d'un coup d'œil le premier d'entre eux.

En 1931, la jurisprudence couleur s'impose en Italie et le leader du Giro se voit remettre un maillot rose, comme le papier de la *Gazzetta dello Sport*. D'autres maillots de couleur fleuriront plus tard sur les routes de France : le maillot vert du classement par points en 1953, le maillot blanc à pois rouges du meilleur grimpeur en 1975, comme le maillot blanc du meilleur jeune.

Seize ans après la création du Tour avec la complicité du journaliste Géo Lefèvre, Henri Desgrange est en train de faire aboutir une deuxième idée de génie, que lui a soufflée Alphonse Baugé, patron du consortium

1. *Les Couleurs de nos souvenirs*, Éd. du Seuil, 2010.
2. *Ibid.*
3. Entretien avec l'auteur, 11 février 2019.

La Sportive regroupant les plus grands constructeurs de cycles de l'époque. Le Tour de France aurait sans nul doute été un succès sans ce maillot jaune. Mais le maillot jaune a grandement contribué à sa gloire, au point d'entrer dans le vocabulaire courant. Au fil des années, on va voir surgir des maillots jaunes de la politique, de l'entreprise ou de l'économie. Récemment, l'hebdomadaire *L'Express* titrait sur « les maillots jaunes de l'édition[1] » pour parler des meilleures ventes de livres en 2018 et le quotidien *Le Parisien* affirmait à la rubrique politique que « Marine Le Pen rêve du maillot jaune[2] ». L'intéressée en a souri.

La magie du Tour de France aura été de transformer en syntagme un maillot dont la couleur ne fit pas forcément le bonheur de ses premiers détenteurs, comme le racontera Eugène Christophe : coureurs et spectateurs se moquaient de ce coureur déguisé en canari. Mais la force du symbole l'a emporté. « Désormais, fait remarquer l'écrivain François Cavanna, le Tour a son étendard, sa couleur magique, son totem intouchable. »

Tous les coureurs qui l'ont porté en témoignent : le maillot jaune est… un excellent produit dopant, non décelable aux contrôles. « Avec le maillot jaune, on vaut le double de sa valeur », assure Antonin Magne dès les années 1930. « Il y a un côté magique. Les gens vous attendent. Enfin, pas vous en particulier, mais le maillot jaune[3] », se remémore Lucien Aimar, vainqueur du

1. *L'Express*, 6 février 2019.
2. *Le Parisien-Aujourd'hui en France*, 20 janvier 2019.
3. *Secrets de maillots jaunes*, sous la direction de Pierre Carrey et Luca Endrizzi, Hugo Sport, 2018.

Tour 1966. « Le maillot jaune permet d'aller plus loin dans l'effort. On oublie la douleur, on va puiser plus loin dans ses ressources », témoigne Bernard Thévenet[1], vainqueur en 1975 et en 1977. Seul Raymond Poulidor, le plus populaire de tous les coureurs, ne peut pas raconter cet effet euphorisant puisqu'il n'a jamais réussi à le porter, fût-ce une seule petite journée, mystère à jamais insondable de l'histoire du Tour.

Ceux qui ont gagné une ou plusieurs fois le Tour parlent du maillot comme d'un objet sacré : « J'y tiens comme à des reliques » (Eddy Merckx, cinq victoires). Bernard Hinault, cinq victoires également, a toujours été énervé de voir des quidams revêtir un maillot jaune sur les routes pour aller rouler le dimanche : « On ne devrait pas avoir le droit, plus d'une fois j'ai eu envie de les déshabiller, ces Guignols. Un maillot jaune, cela se gagne, et le droit de le porter devrait être protégé[2] ! » « Je ne possède pas grand-chose, mais je le laisserais volontiers pour un maillot jaune ! » (Luis Ocaña, 1973).

Quant aux coureurs qui l'ont enfilé sans remporter l'épreuve, ils témoignent tous que l'expérience a changé leur vie. Ainsi Claudio Chiappucci, maillot jaune en 1990 : « Un nouveau monde s'est ouvert à moi et m'a englouti soudainement [...] Mon véritable sujet d'inquiétude, c'était l'anonymat dans lequel j'allais à nouveau être jeté une fois qu'ils m'auraient arraché le maillot jaune[3]. » Pascal Simon (en 1983) : « Plus de

1. *Ibid.*
2. *L'Équipe*, 19 juillet 1989, dans un article de Noël Couëdel.
3. *Ibid.*

la moitié des spectateurs ne connaît rien au vélo. Ce qu'ils veulent, c'est voir un Français en jaune[1]. » Cédric Vasseur (en 1997) : « Avec le maillot, je m'inscrivais un peu plus dans l'histoire. [...] C'était comme si j'avais gagné au loto. [...] C'est la Légion d'honneur du cycliste. Il embellit le coureur qui le porte[2]. » Tous ressentent un immense honneur : « Il faut en être digne », assure Thomas Voeckler, maillot jaune en 2004 et 2011, qui n'aurait sans doute pas réalisé de telles performances s'il était resté anonyme dans le peloton. Pas de doute : il faut rouler vite pour conquérir le maillot jaune, mais le maillot jaune donne des forces insoupçonnées pour rouler plus vite encore.

Jacques Marinelli, le doyen des porteurs du maillot jaune, 93 ans depuis décembre 2018, confie : « Le maillot m'avait révélé à moi-même. Je m'accrochais, je m'accrochais. [...] Le maillot m'avait donné des ailes, qui étaient jusque-là dans l'ombre. » Après sa carrière cycliste, il ouvrira un magasin naturellement nommé « Au maillot jaune ». Puis il sera maire de Melun de 1989 à 2002 sous l'étiquette du RPR. Quand il pédala vêtu de jaune (six jours en 1949, l'année de la première victoire du grand Fausto Coppi), on le surnomma « la Perruche »... L'année suivante, un autre Français, Bernard Gauthier, est leader de la course pendant quatre jours. « Le maillot jaune descendit sur ses épaules comme si on lui posait une couronne », écrit Pierre Bourillon dans *L'Équipe*[3].

---

1. *Ibid.*
2. *Ibid.*
3. 21 juillet 1950.

Bernard Thévenet, en 1975, avait tellement pensé au maillot jaune depuis l'enfance qu'il se réveille la nuit qui suit sa victoire et aperçoit le maillot près de son lit. « Qu'est-ce que tu fais dans la chambre de Merckx ! » se dit-il dans un demi-sommeil. Plus inattendu, Cadel Evans, vainqueur en 2011, lorgnait surtout sur le lion offert chaque soir sur le podium par le Crédit lyonnais, qui sponsorise la victoire finale : « Tout ce que je souhaitais, c'était d'embrasser cette peluche, rien d'autre. Je les ai toutes gardées et je les ai mises dans la chambre de mon fils. » Le maillot peut même rendre superstitieux : Oscar Pereiro, qui figure au palmarès en 2006 en lieu et place de Floyd Landis déclassé pour dopage, n'osait pas mettre de vêtements jaunes tant que sa victoire n'était pas officialisée… Quant à ceux qui perdent le maillot jaune, ils utilisent les mêmes mots pour pleurer sur ce « rêve qui s'enfuit » et ce « retour à l'anonymat ». Tous aiment tellement le Tour qu'ils ne coupent jamais le cordon ombilical : dans la caravane du Tour travaillent près de trente anciens porteurs du maillot jaune, notamment comme chauffeurs de voiture ou comme consultants.

Depuis 1919, plus de 4 000 coureurs ont fait le Tour de France : 61 l'ont gagné, et 269 ont porté le maillot au moins une journée, voire une demi-journée quand existaient des demi-étapes. C'est Eddy Merckx qui l'a revêtu le plus souvent : 96 jours, plus de trois mois de sa vie ! Viennent ensuite Bernard Hinault (78 jours), Miguel Indurain (60 jours) et Jacques Anquetil (51 jours). Tous quatre ont gagné cinq fois le Tour et le nombre de jours en jaune en dit long sur leur manière de courir : écrasante pour Merckx, dominatrice pour Hinault, plus calculée chez Indurain et à l'économie pour Anquetil. On oublie pour l'instant Lance Armstrong (83 jours en jaune), puisque l'Américain a disparu de l'histoire officielle du Tour. Seuls 63 coureurs n'ont porté le précieux « *mayo yaune* » – comme disait Pedro Delgado, vainqueur en 1988 – qu'un seul jour, mais cela a parfois suffi à leur gloire, comme une décoration mentionnée pour la vie sur une carte de visite.

Avec un destin plus cruel, parfois, des leaders de l'épreuve ont dû, la mort dans l'âme, abandonner, alors qu'ils portaient le maillot jaune. Certains pouvaient espérer la victoire finale. Souffrant du genou, Bernard Hinault quitte le Tour sans crier gare le 9 juillet 1980 à 22 h 30, à Pau. En 1971, trois jours après avoir terrassé Eddy Merckx dans la montée d'Orcières-Merlette, Luis Ocaña chute dans la descente du col de Menté et doit abandonner. Comme Joop Zoetemelk après l'abandon d'Hinault, Merckx refuse de porter le maillot jaune le lendemain, par respect pour son adversaire.

En 1951, le Néerlandais Wim Van Est finit au fond d'un fossé. En 1983, victime d'une fracture de l'omoplate quelques jours plus tôt, le Français Pascal Simon renonce sur la route de l'Alpe d'Huez. Sur chute ou défaillance, la même cruelle mésaventure est survenue à Francis Pélissier, Victor Fontan et Sylvère Maes avant-guerre, puis à Chris Boardman, Rolf Sørensen, Stéphane Heulot, Bernard Van de Kerckhove et Tony Martin. En 1950, alors que Fiorenzo Magni porte le maillot, toute l'équipe italienne, à la demande de Gino Bartali, quitte la course à cause de l'hostilité du public contre les Italiens, si peu de temps après la guerre.

Certains départs en jaune sont moins glorieux. En haut de l'Alpe d'Huez, en 1978, le Belge Michel Pollentier est pris en flagrant délit de tricherie lors du contrôle antidopage[1]. Il est immédiatement exclu. En 2007, le Danois Michael Rasmussen, sifflé pendant deux étapes par le public dans les Pyrénées, est renvoyé pour dopage par son équipe, alors que la gendarmerie s'apprête à perquisitionner son hôtel à Pau. Deux autres équipes, Cofidis et Astana, ont quitté le Tour quelques jours plus tôt pour les mêmes raisons.

D'autres perdent le maillot jaune sur tapis vert après la course : en 2006, comme on l'a dit plus haut, Floyd Landis est remplacé au palmarès par Oscar Pereiro ; en 2010, même scénario en faveur d'Andy Schleck au détriment d'Alberto Contador. Amères victoires pour deux champions qui n'auront pas eu le bonheur de revêtir publiquement le maillot jaune sur l'avenue des Champs-Élysées. D'autres très grands champions, comme Sean Kelly et Rik Van Looy, n'ont étonnamment porté le maillot jaune qu'une seule journée (comme Philippe Gilbert, dont la carrière n'est pas terminée) mais se sont rattrapés avec le maillot vert du classement par points. Un champion comme Roger de Vlaeminck n'est pas venu assez souvent sur le Tour pour y briller, avec une seule victoire d'étape.

Longtemps, à la télévision, le maillot fut en noir et blanc, et en sépia dans *Miroir-Sprint*. Il a fallu attendre le début des années 1970 pour le voir en couleur. Mais

1. Grâce à une poire placée sous son bras, il donnait au contrôle une urine qui n'était pas la sienne.

sur le bord des routes, de génération en génération, des millions de spectateurs ont cherché des yeux à la fois leur coureur préféré et « le maillot jaune », quel qu'il soit, souvent sans même connaître son visage. Ils l'ont parfois (rarement) sifflé. Quand les « affaires » ont pris trop de place ou lorsque certains vainqueurs écrasaient trop la course. Ils l'ont le plus souvent encouragé, applaudi, porté. Le maillot jaune est devenu le symbole du Tour. C'est la couleur de juillet, la couleur du soleil et des boutons-d'or qui poussent en désordre avec les coquelicots le long des voies de chemin de fer.

Mais s'il y a le Tour de France, érigé en monument du patrimoine dans *Les Lieux de mémoire* de Pierre Nora[1], il y a aussi la France du Tour. Pendant la course, la vie continue, comme la politique, l'économie, les faits divers. Seules les guerres (de 1915 à 1919 et de 1940 à 1947) ont eu raison de l'épreuve. En 1998, malgré les objurgations du quotidien *Le Monde* pendant l'affaire Festina, le Tour a poursuivi sa route.

Ainsi le Tour de France et ses maillots jaunes trouvent-ils leur place entre trois Républiques, des hommes sur la Lune, des changements de Premier ministre, des conflits en Europe et dans le monde, des polémiques, des attentats, le chômage, la crise économique, les rires et les souffrances. Ce n'est pas pour rien qu'il a tant inspiré les écrivains, de Colette à Jean Rouaud, et des cinéastes, de Louis Malle à Claude Lelouch. Si les téléspectateurs d'aujourd'hui regardent

1. Gallimard, 1992.

souvent le Tour « pour les paysages », si l'ombre du dopage plane toujours, la plus grande course cycliste du monde est aussi solidement ancrée dans l'histoire. « En quelques décennies, écrit Georges Vigarello dans *Les Lieux de mémoire*[1], le Tour de France s'est enraciné dans les rituels nationaux. [...] L'épreuve est peut-être plus qu'une course, elle s'adresse à la conscience collective, aux références communautaires, autant qu'à la curiosité sportive. Elle joue avec la géographie, les provinces, les frontières. Elle met en scène un espace nation, un décor fait du territoire lui-même. Impossible d'en limiter l'enjeu au seul trajet cartographique. Son parcours suggère des rencontres, des réminiscences, le Tour croise la mémoire d'un sol. [...] La course figure l'imaginaire d'un patrimoine autant qu'elle figure celui d'un trajet sportif, elle bute sur le passé d'un milieu autant qu'elle possède son passé propre. [...] À cet égard, le Tour est un modèle du genre. Mais un modèle de mémoire aussi. Plus qu'ailleurs, l'épreuve vit de chroniques. Il lui faut un passé, il lui faut de l'évocation. » Dans *La République du Tour de France*, Jean-Luc Bœuf et Yves Léonard résument : « La Grande Boucle a contribué à dessiner les contours d'une France hexagonale puis d'une France européenne ayant la passion de l'universel[2]. »

Le Tour est une excellente manière d'apprendre la géographie, de savoir où se trouvent l'Izoard, les Monédières, la Planche des Belles Filles ou Hautacam. « Qu'ils le sachent ou non, qu'ils le veuillent ou non,

1. *Ibid.*
2. Éd. du Seuil, 2003.

écrit joliment Paul Fournel dans *Besoin de vélo*[1], les Français ont une grande culture cycliste. Ils connaissent les champions et les lieux de leurs exploits. Ces grands champions superposent leur géographie propre à la géographie officielle. Ils sont comme des petits fanions plantés sur la carte, des repères. Vous pouvez même deviner l'âge et l'obédience de votre interlocuteur. S'il s'allume à « Pra-Loup », c'est un théveno-merckxien, au « puy de Dôme, c'est un anquetilo-poulidorien, à Huez, ce peut être un induraino-züllien ».

Combien de Français, médiocres en géographie à l'école, se sont-ils rattrapés grâce à l'itinéraire du Tour ? Chacun, dans ce qui est bel et bien une histoire d'amour, cache un maillot jaune dans ses souvenirs. Demandez-leur quel est leur vainqueur préféré : selon leur âge, ils répondront en effet « Robic », « Bobet », « Anquetil », « Hinault ». Ou même « Merckx », qui aura les honneurs du départ de Bruxelles en juillet 2019, « LeMond » ou « Indurain », tant le chauvinisme est facultatif en cyclisme.

Bien avant l'apparition des « Gilets jaunes » qui ont poussé sur les ronds-points de France à la fin de l'année 2018, ces mêmes ronds-points qui rendent les fins de course si périlleuses, le Tour a inventé les « juillets jaunes », qui fêtent leurs cent ans. Même ceux qui ne s'intéressent pas à l'aspect sportif du Tour de France conservent des souvenirs dans un coin de leur mémoire, des leçons enfin apprises d'histoire et de géographie autant que des histoires sportives, un lien

1. Éd. du Seuil, 2001 ; Points, 2008.

avec leur propre histoire et avec celle du pays tout entier. Maurice Leblanc, le « père » d'Arsène Lupin, le traduit à sa manière en 1922 : « Un seul pays peut offrir pareil spectacle, si grandiose qu'on a l'impression de quelque combat de géants qui se déroulerait dans des arènes colossales sur lesquelles auraient vue tous les peuples du monde. Un seul pays : la France [...], dont toutes les provinces offrent à tous les publics de l'univers des noms connus, un passé historique et les décors les plus renommés. » Avec la France, le Tour, monument national, semble souvent ne faire qu'un.

LE PREMIER « JUILLET JAUNE »

Les coureurs se sont élancés bien trop tôt – il était 3 heures du matin – pour assister à la fête. Ils partent pour un mois et 5 560 kilomètres, l'un des plus longs Tours de France de l'histoire. Direction Le Havre, avec 388 bornes au menu pour commencer. Ils seront loin, et beaucoup auront déjà essuyé pas mal de crevaisons sur les routes caillouteuses, quand interviendra la signature du traité de Versailles, ce 29 juin 1919.

La dernière fois que le Tour de France s'était ébranlé, le 28 juin 1914, l'archiduc François-Ferdinand était assassiné à Sarajevo par Gavrilo Princip, cet étudiant serbe de 20 ans dont le coup de feu enflamma l'Europe puis le monde. Cinq années plus tard, le cauchemar est fini et, veut-on croire, pour longtemps. À 3 h 50 (les journaux n'écrivent pas encore 15 h 50), les ex-belligérants apposent leur paraphe au bas du traité, à l'invitation du président du Conseil, Georges Clemenceau. Dans la délégation italienne, le secrétaire du ministre des Affaires étrangères s'appelle Curzio Malaparte. Le canon tonne, mais, cette fois, c'est en signe de paix. Même si le temps est « nuageux », comme le précise *Le Figaro*, la joie est partout. Ou presque. Un million trois cent mille Français ne sont pas revenus de cette guerre inutile. Les veuves et les survivants en sont pourtant certains, c'était bien la « der des ders ». Alors, ils chantent, ils dansent, ils acclament les Poilus qui passent, ils osent presque regarder les gueules cassées en face. « Vive la France ! Vive la délivrance ! Vive les Poilus ! » scande-t-on entre deux retraites aux flambeaux sur les boulevards parisiens, dans toutes les villes, jusqu'aux plus petits villages de France, où l'on édifiera bientôt plus de 36 000 monuments aux morts, symboles de cette plaie ouverte qui inaugure le siècle.

Le soir, les chefs d'État et de gouvernement, l'Américain Woodrow Wilson en tête (il aura droit à sa rue un peu partout en France), regagnent Paris. « Demain, écrit Georges Bourdon dans *Le Figaro*, Versailles sera retombé dans son silence. Mais il y a désormais une paix de Versailles qui est un phare sur le monde. » Ça s'arrose. Tous les théâtres, music-halls et salles de Grand-Guignol affichent complet : Maurice Chevalier, lui-même ancien combattant, se produit dans la « Grande Revue » du Palace Théâtre et Harry Baur, qui a commencé sa carrière dès les années 1900, est sur la scène des Folies Bergère.

Pendant ce temps, les soixante-sept coureurs pédalent comme des forcenés. On ne dit pas encore des « forçats ». Les routes sont pierreuses, boueuses, sinueuses, un parcours plus périlleux qu'une course de cyclo-cross. Dans *L'Auto*, le quotidien organisateur, on conseille aux champions d'être prudents, surtout quand arrivera la montagne, « car nombre de chevaux, de mulets, de bœufs, de vaches, de veaux, de chèvres, de moutons, de porcs sont en liberté le long des routes »...

Les cyclistes mettent 15 heures et 56 minutes pour rallier Le Havre qui, en 1944, sortira rasé d'une autre guerre. Jean Rossius gagne l'étape à la moyenne de 24,360 kilomètres-heure. Le premier soir, on dénombre déjà vingt-six abandons. Le 27 juillet, à l'arrivée à Paris, seulement onze coureurs seront au rendez-vous. Ils vont avoir droit à la pluie et au froid malgré l'été, et aux problèmes de ravitaillement. Les organisateurs incitent les bons citoyens à faire don de leurs doses de sucre aux champions, qui vont mettre le cap sur Cherbourg, Brest, Les Sables-d'Olonne, Bayonne, Luchon, Perpignan, Marseille, Nice, Grenoble, Genève, Strasbourg, Metz et Dunkerque avant de revenir à Paris. Ils courent un jour sur deux, comme avant-guerre. Ils ne seront pas de retour à temps dans la capitale pour assister au grand défilé de la victoire, les maréchaux Joffre et Foch en tête, le 14 juillet.

Le fait même que ce treizième Tour de France se soit élancé tient du miracle. Qui aurait parié que l'épreuve créée en 1903 par Henri Desgrange bénéficierait d'une aussi rapide renaissance ? La France est exsangue, le nord et l'est du pays portent dans le moindre de leurs paysages les stigmates du massacre. Le peloton lui-même peut porter le deuil : trois vainqueurs du Tour sont morts à la guerre : François Faber, Lucien Petit-Breton et Octave Lapize. Une cinquantaine de cyclistes ayant participé au Tour 1914 (remporté par le Belge Philippe Thys) ne sont pas revenus du front. Cesare Brambilla, Camille Fily, qui avait fait le Tour à seulement 17 ans, Léon Flameng, champion olympique aux premiers Jeux de l'ère moderne à Athènes en 1896, François Lafourcade, Georges Bronchard, lanterne rouge du Tour 1906 remporté par René Pottier, sont parmi les victimes. Et puis Hourlier, Comès, Friol, Engel, Boillot, Wattelier…

François Faber était bien parti pour se bâtir un palmarès étincelant : Tour de Lombardie, Bordeaux-Paris, Paris-Bruxelles, Paris-Roubaix, deux Paris-Tours déjà, outre le Tour de France en 1909. Il s'était engagé dans la Légion étrangère dès août 1914. Né d'un père luxembourgeois et d'une mère française, adopté par la commune de Colombes, d'où son surnom de « Géant de Colombes » (1,88 mètre, 88 kilos), il voulait servir la France. Il est mort le 9 mai 1915, à 28 ans, dans la bataille de l'Artois. À Berthonval, indique sa fiche officielle de l'armée. À la rubrique « genre de mort », il est indiqué « disparu ».

Grâce à une lettre adressée à son épouse, on sait qu'il avait appris, la veille de sa mort, la naissance de leur fille Raymonde. Une histoire tristement banale, comme en ont connu tant et tant de familles pendant ces quatre années, en France et ailleurs. « J'ai confiance et j'espère bien m'en tirer », écrit le 8 mai 1915 François Faber, dont la petite histoire raconte qu'il aurait, le 1er juillet 1913, alors qu'il sortait nu de sa chambre d'hôtel à Cherbourg, croisé Jean Jaurès qui tenait un meeting dans la ville…

Lucien Petit-Breton, vainqueur en 1907 et 1908, n'est pas revenu non plus de la guerre. Il s'appelait en réalité Lucien Georges Mazan, mais son père n'avait pas envie de le voir devenir coureur cycliste. Né dans ce qui s'appelait alors la Loire-Inférieure (aujourd'hui Loire-Atlantique), le jeune homme avait donc adopté ce pseudonyme pour vivre sa passion sans subir les foudres paternelles. Incorporé dans le vingtième escadron du train et pilote de véhicules militaires, il meurt à 35 ans dans un accident en se rendant au front le 20 novembre 1917. Il avait réalisé le premier doublé dans le Tour. En fin d'étape, raconte Christian Laborde[1], Lucien Petit-Breton honorait le même rituel : « Il monte chaque soir son Peugeot dans sa chambre. Il dispose sur le lit divers journaux et papiers, couche sur eux sa machine, la démonte pièce par pièce, nettoyant chacune d'elles avec du pétrole. Son vélo remonté, vérifié, briqué, Lucien Petit-Breton peut enfin se foutre au pieu. »

Enfin, Octave Lapize, qui avait un jour traité les organisateurs d'« assassins » et de « criminels », aurait pu attendre la fin de la guerre auprès de son vélo. Il était exempté pour une surdité partielle. Mais non ! Engagé volontaire en août 1914, il a brillé comme pilote après avoir dompté trois fois Paris-Roubaix. Le 14 juillet 1917, jour de fête nationale, l'avion du sergent Louis-Octave Lapize est abattu lors d'un combat au-dessus de Flirey, en Meurthe-et-Moselle. Il a 30 ans. Le nom du vainqueur du Tour 1910 figure sur

1. *Dictionnaire amoureux du Tour de France*, Plon, 2007.

le tout nouveau mur inauguré au Père-Lachaise à Paris, dans la liste de 95 537 autres Parisiens « morts pour la France ». L'immense mur mesure 280 mètres de long…

Comme celui de François Faber, les corps de nombreux coureurs n'ont jamais été retrouvés. Leurs lointains successeurs, lorsqu'ils font le tour de la place de l'Étoile, le jour de l'arrivée du Tour de France, peuvent donc imaginer que la flamme qui brûle sous l'Arc de Triomphe illumine l'un des leurs. C'est la magie du soldat inconnu. Ingénieur, maçon, paysan, médecin ou coureur cycliste, qu'importe : chaque famille, depuis le 11 novembre 1920, peut imaginer le visage d'un seul disparu, embrassant ainsi les millions d'autres.

Mais la guerre est finie. Toujours à la tête de *L'Auto*, le grand quotidien sportif sur papier jaune, Henri Desgrange pense très vite à relancer des épreuves, pour bien marquer que la vie reprend ses droits. Le Tour, pour Desgrange, c'est « la France de demain, osseuse, énergique, volontaire et saine, qui commence la plus belle des croisades ». C'est une manière de prouver à la France et au monde, aux ennemis d'hier et sans doute aussi à soi-même, qu'on peut oublier la guerre. Desgrange décide de relancer Paris-Roubaix, qui se déroule le 20 avril 1919. Une gageure. Il avait envoyé sur place, en reconnaissance, le champion Eugène Christophe et un journaliste de *L'Auto*. « On entre alors en plein champ de bataille, peut-on lire dans le quotidien daté du 30 mars 1919. Plus rien que la dévastation dans ce qu'elle a de plus affreux, de plus tragique. L'abomination de la désolation ! Plus d'arbres, tout est fauché. Le sol ? Non, la mer ! Pas un mètre carré qui ne soit bouleversé de fond en comble. C'est l'enfer ! Les trous d'obus se succèdent sans interruption aucune[1]. »

La première fois qu'il fut question de « l'enfer du Nord », ce ne fut donc pas pour évoquer la course aux pavés, mais bien les tranchées de Souchez et de Vimy, bien avant que n'apparaissent sous les boyaux les pièges de la trouée d'Arenberg et les pavés du secteur de Mons-en-Pévèle. Nos aïeux ne manquaient pas d'air ni d'optimisme : dès le printemps 1919, ils organisent aussi un « Circuit des champs de bataille » dont le parcours évoque l'« itinérance mémorielle » effectuée en novembre 2018, avec un succès disons mitigé, par le président de la République Emmanuel Macron.

Henri Desgrange, qui refuse d'intégrer au peloton des coureurs allemands, autrichiens ou hongrois (il n'y en a d'ailleurs que très peu à l'époque), ne rate jamais une occasion de tremper sa plume dans la propagande anti-allemande. Évoquant les quatre années sans Tour de France, il parle de la responsabilité des « ignobles Boches » ou du « Boche abhorré ». Son souhait pour les coureurs, exprimé le jour du départ : « Je voudrais que les foules accourues de toutes parts sur leur passage leur fassent les chaudes ovations qu'ils méritent ; je voudrais qu'elles viennent là plus en pèlerinage qu'au spectacle ; qu'elles saluent respectueusement tous ces vaillants ; qu'elles y viennent chercher ceux qui vont

1. Cité par Jean-Paul Bourgier dans *1919, le Tour renaît de l'enfer. De Paris-Roubaix au premier maillot jaune*, Le Pas d'oiseau, 2014.

remplacer les chéris que les Boches ont ravis à nos tendresses[1]. »

Lorsque la course approche de l'est de la France, ce n'est plus un peloton de coureurs cyclistes qui s'avance, c'est une nouvelle armée de libération. Le créateur du Tour laisse éclater son bonheur : « Strasbourg ! Metz ! Et ce n'est pas un rêve ! Nous allons là-bas, chez nous ! [...] Il nous fallait, après le patois normand, le dialecte breton, les cigales chantantes des idiomes méridionaux, les rudesses du flamand, il nous fallait la joie du parler alsacien. Il nous manquait l'entrée triomphale dans Strasbourg... » Strasbourg, capitale de « notre Alsace enfin reconquise ». La dernière fois que le Tour s'était aventuré à l'est, c'était en Lorraine, en 1910. La Lorraine était allemande et il fallait montrer patte blanche pour y pénétrer. Le 9 mai 1906, Henri Desgrange avait écrit au gouverneur d'Alsace-Lorraine pour lui demander « l'autorisation nécessaire pour franchir cette frontière (à Longwy) pour faire aller les concurrents jusqu'à Metz et rentrer ensuite en France[2] », sollicitant également la permission pour les coureurs « de pénétrer avec leurs machines de courses en Alsace-Lorraine, sans payer le droit d'entrée s'il en existe[3] ». Le comte Zeppelin, qui administrait l'Alsace-Lorraine, donne son feu vert et vient lui-même accueillir le Tour en 1907. Des fanfares et des spectateurs entonnent *La Marseillaise* sur le bord des

1. *L'Auto*, 29 juin 1919.
2. Cité dans *La République du Tour de France, Jean-Luc Lebœuf et Yves Léonard, op. cit.*
3. *Ibid.*

routes. Mais, en 1911, l'empereur Guillaume II interdit un nouveau passage du Tour. On imagine dès lors l'euphorie de 1919. Et quand, en 1932, l'Allemand Kurt Stöpel sera pour un jour le leader de la course, Henri Desgrange mettra en sourdine son nationalisme exacerbé par le contexte de l'époque : « Stöpel est un brave garçon, très simple. Visage fruste et beau type de coursier. [...] Quand je le vois revenir [...] sur le peloton de tête, je songe à ces nuits de guerre où, dans une tranchée précaire, je subissais les assauts disciplinés des troupes ennemies. »

Dans le peloton, un coureur est désormais plus visible que les autres. Le 19 juillet, il a troqué son maillot gris contre un maillot jaune, très précisément du jaune Pantone 123 C, même si les nuances de jaune évolueront très souvent au fil des décennies, flirtant tantôt avec l'orange, tantôt avec le jaune très pâle puis devenant presque fluo. Par cette trouvaille de génie, écrit Serge Laget, « Alphonse Baugé apporte du soleil à la course. Il va la réchauffer, l'embraser, alors même qu'elle traverse l'Alsace enfin libérée[1] ». À la rubrique « La muse sportive », Robert Delamare s'essaie aux rimes dans *L'Auto*, qui coûte dix centimes, avec abonnement mensuel à deux francs cinquante pour les Poilus : « C'est l'époque du Tour de France / Les coureurs ont tous l'espérance / D'avoir leur nom au palmarès / Sur leur frêle « petite reine » / Ils traverseront la Lorraine / Que chanta Maurice Barrès... »

1. *L'Équipe raconte le Tour de France*, Gérard Ernault, Robert Laffont, 2018.

Le favori du Tour, le chéri des cœurs, Eugène Christophe, porte ce maillot jaune depuis Grenoble. Au début, on se moque un peu de lui à cause de la couleur : « Qu'est-ce que j'ai pris ! racontera-t-il après ce Tour. Tout le monde me blaguait : Eh ! l'maillot jaune ! Oh ! Qu'il est beau, le canari ! Dis donc, qu'est-ce qu'elle fait, Madame Cricri ? Ça a duré comme ça tout le long du chemin. »

Mais pas à Paris ! Eugène Christophe va perdre son beau maillot. Il a pris la tête du classement aux Sables-d'Olonne, dominé les Pyrénées malgré Jean Alavoine, passé l'Aubisque et le Tourmalet, enfilé le maillot jaune à Grenoble, passé le Galibier et les Aravis, survécu aux Alpes et résisté à Honoré Barthélemy, champion méconnu. Pour son premier Tour, en 1906, le « Vieux Gaulois » avait terminé sixième. Il sera encore là en 1925, à 40 ans. « Un travail commencé doit toujours être terminé, dit-il. J'ai fini le Tour 1913 avec seulement 4 heures de retard sur le premier », Philippe Thys. Mais la victoire ne veut pas de lui. Il est maudit. Comme en 1913, quand il avait réparé lui-même sa fourche dans une cour de ferme à Sainte-Marie-de-Campan, forgeant sa légende en même temps qu'il réparait son outil de travail, Eugène Christophe casse de nouveau dans ce Tour 1919 la fourche de son vélo à la sortie de Valenciennes, sur un pavé, dans l'avant-dernière étape, Metz-Dunkerque. À Metz, il avait 28 minutes et 5 secondes d'avance sur le deuxième. À Dunkerque, il aura une heure et demie de retard sur le premier.

Ce beau maillot jaune, sortant du lot des maillots gris d'un peloton où il n'y a encore que des individus et pas d'équipes organisées, il le perd à deux jours seulement de l'arrivée au bénéfice d'un Belge, Firmin Lambot, dont *L'Auto* écrira qu'il n'a « pas démérité » et qui le prouvera d'ailleurs en gagnant une seconde fois en 1922. Jean Alavoine, vainqueur de la dernière étape, est deuxième. Eugène Christophe est troisième. Au Parc des Princes, le triomphe est pour le « Vieux Gaulois ». Henri Desgrange lâche les chevaux du lyrisme : « L'enthousiasme ne connut plus de frein. Ce fut du délire ! Ce fut fantastique ! On fêta Christophe à l'égal d'un Dieu et notre "Vieux Gaulois", pourtant si froid et si calme d'ordinaire, en sentit des larmes de reconnaissance obscurcir ses paupières. » Une souscription est lancée en sa faveur auprès des lecteurs de *L'Auto*, permettant de glaner très précisément 13 310,82 francs, à ajouter aux 2 200 francs que lui rapporte la course. Par comparaison, le vainqueur Lambot gagne 6 675 francs ; Jean Alavoine 5 600 francs ; Jean Rossius 75 francs pour sa victoire au Havre le premier jour.

Le 28 juillet, le Tour de France n'a pourtant pas encore conquis ses lettres de noblesse dans la « grande presse » : *Le Figaro* ne lui consacre qu'une quinzaine de lignes en quatrième et dernière page, pour donner le classement de l'ultime étape et le résultat final, juste au-dessus d'un résultat de la Coupe Davis (créée en 1900) et à côté des publicités qui recommencent à fleurir pour accueillir ceux qui ont des loisirs et de l'argent pour les bains de mer. Ainsi est-on attendu à l'hôtel Regina au Touquet-Paris-Plage, aux Roches noires à Trouville et même à l'Hôtel du Parc, à Vichy, dont on reparlera vingt et un ans plus tard – ailleurs qu'à la rubrique tourisme.

Car la suite ne sera pas celle que tout le monde espère. Le 1er août 1919, Paul Valéry le laisse entrevoir avec sa phrase devenue fameuse : « Nous autres, civilisations, nous savons maintenant que nous sommes mortelles. » Le 10 décembre, alors que Roland Dorgelès était favori avec *Les Croix de bois*, Marcel Proust décroche le prix Goncourt pour *À l'ombre des jeunes filles en fleurs*. Selon la légende, joliment rapportée par Serge Laget[1], le titre aurait pu être soufflé à l'auteur d'*À la recherche du temps perdu* par Louis Trousselier, fleuriste boulevard Haussmann et vainqueur du Tour 1905 ! Un autre géant du Tour, l'écrivain Antoine Blondin, se penchera des décennies plus tard sur le « questionnaire de Proust ». À la question « Mon occupation préférée », il répondra : « Suivre le Tour de France. »

1. *100 ans de maillot jaune*, Serge Laget, Hugo Sport, 2018.

ALBERT LONDRES DÉCOUVRE LES « FORÇATS DE LA ROUTE »... ET LE DOPAGE

Albert Londres débarque le 22 juin 1924 pour le départ de la traditionnelle première étape du Tour de France vers Le Havre. Il a 33 ans et travaille alors pour *Le Petit Parisien* après avoir débuté au *Petit Journal* et parcouru comme grand reporter tous les fronts de la Grande Guerre. À bord de son véhicule Renault, il observe ces drôles de zèbres à vélo. Ce qu'il voit le sidère. « Toute la province est sur les portes et en bigoudis », raconte-t-il. Il décrit « les lycéens avec leurs pions » et « les vieilles dames sur des chaises » qui attendent le passage de la course. À bien des égards, la description cent ans plus tard des bords de la route du Tour ne serait pas si différente…

Mais Albert Londres va se faire avoir et, malgré lui, déclencher un événement médiatique (comme on ne disait pas à l'époque) et politique. Au café de la Gare à Coutances, les deux frères Pélissier, Francis et Henri, ont abandonné. Ce sont des stars, des grandes gueules, qui ont eu déjà maille à partir avec les organisateurs. Ils sont restés au café de la Gare et n'ont pas rallié Cherbourg. L'un des frères, Henri, a osé changer de maillot en cours de route. C'est interdit par le règlement. Leurs supporters les attendent en vain sur la route. « On n'est pas des chiens », lâche Henri Pélissier, déjà riche d'un beau palmarès. Il a gagné le Tour en 1923, et triomphé dans deux Paris-Roubaix, trois Tours de Lombardie, un Paris-Tours, un Bordeaux-Paris, un Paris-Bruxelles. Il a tout gagné. C'est le Merckx, le Hinault de l'époque. En plus, il fait vendre – et il le sait. En 1923, pour sa victoire dans le Tour, *L'Auto* a écoulé un million d'exemplaires, alors que la France ne compte que 40 millions d'habitants. En 1998, pour la première victoire de la France à la Coupe du Monde de football, *L'Équipe* vendra 1 642 501 journaux. Depuis 1947, le quotidien français n'a dépassé que deux fois le chiffre magique d'un million, et les deux fois pour le football.

Les Pélissier sont populaires, coléreux, orgueilleux, irascibles. Bref, des champions d'exception. Un troisième frère, Charles, fera le Tour quelques années plus tard. Il y en avait même un quatrième, mort au front en 1914-1918. À Coutances, les Pélissier se confient à Albert Londres, lui offrant l'occasion d'écrire, de sa belle plume, la légende du Tour – légende qui perdure près d'un siècle après. « Vous n'avez pas idée de ce qu'est le Tour de France. C'est un calvaire. Et encore, le chemin de croix n'avait que quatorze stations, tandis que le nôtre en compte quinze. Nous souffrons du départ à l'arrivée[1]. » Puis Henri Pélissier de lâcher

1. Article intitulé « Les forçats de la route », *Le Petit Parisien*, 1924 ; deviendra *Les Forçats de la route*, Arléa, 1996.

la phrase fatale : « Voulez-vous voir comment nous marchons ? Tenez… » Évidemment qu'Albert Londres veut voir avant d'écrire ! Ça s'appelle le journalisme ! Il raconte : « De son sac, il sort une fiole : "Ça, c'est de la cocaïne pour les yeux, ça c'est du chloroforme pour les gencives. […] Et des pilules, voulez-vous voir des pilules ? […] Bref, nous marchons à la dynamite !" » Henri Pélissier prend le relais : « La boue ôtée, nous sommes blancs comme des suaires, la diarrhée nous vide, on tourne de l'œil dans l'eau. […] Et les ongles de pieds, j'en perds six sur dix, ils meurent petit à petit à chaque étape. […] On n'est pas des fainéants, mais, au nom de Dieu, qu'on ne nous embête pas. Nous acceptons le tourment, nous ne voulons pas de vexations ! Je m'appelle Pélissier et non Azor !… » Conclusion des deux frères : « Un jour viendra où les organisateurs nous mettront du plomb dans les poches, parce qu'ils prétendront que Dieu a fait l'homme trop léger. Si l'on continue sur cette pente, il n'y aura bientôt que des "clochards" et plus d'artistes. Le sport devient fou furieux… » Et l'on n'est qu'en 1924 !

Dans *Le Petit Parisien*, Albert Londres raconte tout cela sous un titre qui va faire école : « Les forçats de la route ». Il faut dire qu'il arrive tout juste de Cayenne où il a écrit sur le bagne, dont l'idée l'a sans doute poursuivi jusqu'à Coutances. Henri Desgrange, déjà énervé par les états d'âme et les abandons à répétition des frères Pélissier, est fou furieux. Mais le quotidien *L'Humanité*, qui ne s'était pas jusqu'alors intéressé au Tour (il y avait plus important : à Moscou, Lénine est mort en janvier !), saute sur l'occasion. Il y a de l'exploitation des travailleurs dans ce magique Tour de France !

Le 1er juillet, à la une, *L'Humanité* titre : « Mascarade intitulée Tour de France ». Henri Pélissier a écopé d'une amende de 500 francs, et *L'Huma* se demande si Albert Londres ne s'est pas fait remonter les bretelles par Henri Desgrange, que le journal créé par Jean Jaurès ne porte pas dans son cœur. Surtout, le quotidien ouvre ses colonnes à Henri Pélissier, qui persiste et signe : « Nous tenons à répéter ce que nous avons déjà déclaré à M. Albert Londres : nous acceptons tout, et cela fait partie de notre métier. La fatigue excessive, la souffrance, la douleur. Mais nous voulons continuer à être traités comme des hommes, et non comme des chiens. »

Commentaire de *L'Humanité* : « Le sport ouvrier n'a qu'à gagner à ces révélations et les ouvriers égarés dans les clubs bourgeois ne tarderont pas à comprendre que leur place est parmi nous. » Le quotidien annonce qu'il va poursuivre sa « campagne de stigmatisation » contre le Tour de France. Les jours suivants, il continue de donner le résultat de chaque étape, avec une petite caricature du vainqueur. Mais, entre deux diatribes contre le Comité des forges[1] et des papiers de défense de la grève des boulangers, *L'Huma* n'a pas de mots assez durs contre « cette immorale épreuve », « les sales dessous des entreprises commerciales », « les mœurs sportives bourgeoises » et les « maquignonnages ignominieux des mercantis du sport ». Le

1. Ancienne organisation patronale française de la sidérurgie.

21 juillet, après l'arrivée, le quotidien note que « le petit maçon Bottecchia », vainqueur du cru 1924, a gagné 150 000 lires. « Pour un Bottecchia qui passe ainsi de la pauvreté prolétarienne à la mesquine aisance petite-bourgeoise, combien d'autres coureurs ne resteront-ils pas les forçats de la route ! »

Un an plus tard, *L'Humanité* se contentera d'émettre quelques « réserves » sur le caractère commercial de l'épreuve. Mais en 1939, deux mois avant de laisser la une à la signature du pacte germano-soviétique, il consacrera sa première page aux favoris du Tour, avec photos, sous le titre : « Les voilà ! » Que s'est-il donc passé entre-temps ? Tout simplement le fait que les lecteurs de *L'Huma* et potentiels électeurs du Parti communiste fournissent de gros bataillons de supporters au Tour. Le journal va devoir s'adapter. Il le fera très habilement. En 1926, alors que le Tour part pour la première fois d'une ville de province, Évian, la première page de *L'Humanité* proclame : « Sur le parcours Paris-Évian, l'auto de *L'Huma* est acclamée. » Il s'agit d'une Cadillac – on ne se refuse rien chez les prolétaires. Les deux envoyés spéciaux du journal, Paul Guitard et Camille Fégy, doivent bien reconnaître que le succès de l'épreuve est au rendez-vous et que « M. Desgrange n'est pas un enfant de chœur en matière de publicité ».

Même refrain à la fin du Tour : « De Montereau au Parc des Princes, quatre-vingt mille travailleurs acclament *L'Humanité* », écrit le journal, se contentant d'indiquer le nom du vainqueur en sous-titre et en plus petits caractères : « Lucien Buysse gagne le

Tour. » Pour *L'Humanité*, qui pédale derrière ses lecteurs, les enjeux sont politiques plus que sportifs, alors que la présidence du Conseil se dispute entre Édouard Herriot, Joseph Caillaux et Raymond Poincaré. Ce dernier s'installe pour la quatrième fois à Matignon le 23 juillet 1926. Mais, sur le bord de la route, les envoyés spéciaux ont clairement entendu crier « Vive les Soviets ! » et chanter « L'Internationale ». C'est du moins ce qu'ils racontent[1].

Albert Londres, lui, ne se lance pas dans la diatribe politique. Il poursuit son aventure derrière le peloton, ne cachant pas son admiration pour les « forçats » dont il vient de contribuer à écrire la légende. Décrivant aussi bien le public le long des routes que les coureurs eux-mêmes. Il est tombé sous le charme et, près de cent ans après, si la course n'a plus grand-chose en commun avec celle de 1924, l'ambiance semble bien la même : « Il suffit de suivre le Tour de France, écrit Londres le 8 juillet 1924 à Nice, pour que la folie vous semble un état de nature. Le 19 juin dernier, si quelqu'un m'avait dit : vous allez voir sept à huit millions de Français danser la gigue sur les toits, sur les terrasses, sur les balcons, sur les chemins, sur les places et au sommet des arbres, j'aurais dirigé aussitôt mon informateur vers une maison d'aliénés. C'eût été une erreur. Mon homme ne se serait trompé que sur le chiffre. C'est dix millions de Français qui glapissent de contentement. » Albert Londres s'est peut-être fait (un peu) enfumer par les frères Pélissier. Mais, en suivant

1. *L'Humanité*, 19 juillet 1926.

ce Tour remporté au terme de 5 425 kilomètres par l'Italien Ottavio Bottecchia, maillot jaune depuis le premier soir, gagnant quatre étapes (il vaincra encore en 1925), il a tout compris, étant aussi le premier à révéler des cas de dopage !

Le Tour est fini.

Ouverts le 4 mai 1924 par le président Gaston Doumergue, les Jeux olympiques d'été vont s'achever le 27 juillet à Colombes, avec pour vedettes Paavo Nurmi et Johnny Weissmuller, qui incarnera ensuite Tarzan au cinéma. La France termine troisième au tableau des médailles (38 médailles, dont 13 médailles d'or), derrière les États-Unis et la Finlande. L'escrimeur Roger Ducret a rapporté 3 médailles d'or à lui tout seul.

La France politique est moins joyeuse. En mai, le « cartel des gauches » a gagné les élections, l'électorat ne pardonnant pas à la droite parlementaire sa politique de rigueur budgétaire. Le président Millerand a démissionné, laissant la place à Gaston Doumergue. Édouard Herriot est président du Conseil, la dévaluation du franc germinal ruine la bourgeoisie. Le chômage est à 3 %, l'inflation à 14,3 %, le déficit public à 2 % du PIB, les prélèvements obligatoires à 18,7 %. Quelques mois plus tard, la « Revue nègre » et Joséphine Baker vont introduire en France le charleston. C'est encore le temps béni de l'insouciance. Mais en prison, à Munich, Adolf Hitler est en train d'écrire *Mein Kampf.*

LES ANNÉES 1930 ET LE « BON TEMPS » DES ÉQUIPES NATIONALES

En cet hiver 1929-1930, Henri Desgrange a la mine renfrognée des mauvais jours. D'abord, aucun Français n'a gagné le Tour depuis Henri Pélissier en 1923, l'année de l'invention des bonifications (à l'époque, 3 minutes de bonus pour le vainqueur d'une étape). L'Italie avec Ottavio Bottecchia, la Belgique avec Maurice De Waele et Lucien Buysse, le Luxembourg avec le doublé de Nicolas Frantz en 1927 et 1928 trustent les maillots jaunes. Ensuite, on s'ennuie un peu sur le bord des routes. En 1926, en faisant partir le Tour d'Évian plutôt que de Paris (c'était la première fois depuis 1903), les organisateurs pensaient donner du nerf à la course. Il s'agissait de réduire le temps de course avant les Alpes. Comme « on ne peut pas déplacer les montagnes », Desgrange choisit de déplacer la ville de départ. Ça ne change rien, preuve que ce sont bien les coureurs qui font la compétition, et pas le parcours.

En 1927, le patron du Tour est allé jusqu'à accuser les coureurs de paresse : « Ce que l'on appelle le métier, autrement dit la nécessité du travail qui pèse lourdement sur l'humanité, aboutit maintenant à une recherche du moindre effort », estime-t-il. C'est tout juste s'il ne dit pas que c'était mieux avant ! Le Tour est menacé de mort malgré sa popularité et les bonnes ventes de *L'Auto* : 600 000 exemplaires en moyenne en juillet. « Il assistait impuissant à l'écroulement de son œuvre », constate Pierre Chany[1]. Les coureurs sont accusés de ne pas faire la course, de se livrer à des ententes illicites, de trop écouter les industriels du cycle et pas assez le directeur du Tour.

Henri Desgrange trouve la parade, qu'il annonce moins de deux mois après la fin du Tour 1929, où l'on a selon lui « touché le fond » : le choix des équipes nationales et la création de la caravane publicitaire. Peut-être le fait de pédaler en bleu-blanc-rouge redonnera-t-il aux Français une envie de victoire. Le 2 juillet 1930 à 7 heures du matin, au son de l'accordéon, cinq équipes nationales sont au départ avec huit Italiens, huit Belges, huit Espagnols, huit Allemands et huit Français. Les soixante autres concurrents prennent le nom de « touristes routiers ». Parmi eux, vingt n'ont jamais couru le Tour de France. Fournis par l'organisation de la course, les vélos sont évidemment de couleur jaune. La course demeure individuelle, mais il est précisé que « l'esprit d'équipe sera toléré ».

Autre nouveauté, la caravane, qui existait jusqu'alors à l'état embryonnaire, loin derrière les coureurs, désormais les précède. Le chocolat Menier (qui sert un chocolat chaud aux cyclistes en haut des cols), le cirage Lion

1. *La Fabuleuse Histoire du Tour de France*, avec Thierry Cazeneuve, Minerva, 2003.

Noir et les réveils Bayard brillent de tous leurs feux. Comme La Vache qui rit, la menthe Ricqlès, Byrrh (« La boisson préférée du monde des sports »...) et les cigarettes Lucky Strike, pour lesquelles le futur vainqueur André Leducq fera même de la publicité. Sur le bord des routes, les spectateurs viennent voir les coureurs mais aussi attraper les tablettes de chocolat (500 000 !) qu'on leur lance d'une voiture. Quatre-vingts ans plus tard, la caravane est devenue gigantesque (près de deux cents voitures, onze millions d'objets distribués) et ne répond pas toujours aux meilleurs canons esthétiques, mais les spectateurs aiment ça et en redemandent. Près de la moitié, dit-on, vient surtout pour assister au défilé ambulant et à son festival de cadeaux. Un stylo, un mini-saucisson ou une simple casquette peuvent les rendre aussi heureux (ou presque) que s'ils avaient gagné au loto. Il faut les voir tendre joyeusement la main au bord des routes pour comprendre. Au XXIe siècle comme en 1930, le Tour donne du bonheur, un bonheur qui va bien au-delà des gadgets.

Henri Desgrange a eu du flair : le miracle national se produit. Les Français font la course en tête. À mi-course, Charles Pélissier, chouchou du directeur, a déjà gagné quatre étapes. Il en remportera huit (les coureurs français en raflent douze en tout), mais c'est son coéquipier André Leducq, le titi parisien, qui gagne en cette année 1930 marquée par une troisième nouveauté : pour la première fois, avec des reportages en différé mais aussi en direct, les voix de Jean Antoine et Alex Virot font vivre le Tour aux auditeurs branchés sur la TSF. Le célèbre Georges Briquet prendra la suite. Alex Virot mourra, ainsi que le motard qui le conduisait, René Wagner, lors d'une chute dans les lacets de la route menant à Ax-les-Thermes, le 14 juillet 1957, l'année de la première victoire de Jacques Anquetil.

Après André Leducq, la fête tricolore continue. Antonin Magne, dit « Tonin le Sage » ou « Tonin le Taciturne », futur directeur sportif de Raymond Poulidor, gagne en 1931 et 1934. Leducq l'emporte à nouveau en 1932, deux mois après l'assassinat du président de la République Paul Doumer par l'anarchiste russe Paul Gorgulov qui l'accusait d'être trop favorable aux « bolcheviks » ; deux mois aussi après la mort d'Albert Londres dans l'incendie du paquebot *Georges Philippar*, au large d'Aden. Georges Speicher, un ancien nageur qui avait appris à faire du vélo quelques années plus tôt pour devenir livreur, les rejoint au palmarès en 1933. D'autres se distinguent dans cette époque bénie du cyclisme français : Charles Pélissier, Roger Lapébie, Maurice Archambaud, René Le Grevès. Et René Vietto, bien sûr, qui gagne des étapes avec panache, mais, Poulidor avant l'heure, ne remportera jamais le Tour. Pis, le plus grand souvenir qu'a laissé Vietto, c'est son « sacrifice » de 1934 au profit de son leader, Antonin Magne. Il allait pour cela « devenir un personnage quasiment mythique au regard de l'opinion », selon Pierre Chany[1], inspirant plus tard à l'écrivain Louis Nucéra le livre *Le Roi René*[2].

1. *La Fabuleuse Histoire du Tour de France*, *op. cit.*
2. Sagittaire, 1976.

Caracolant dans les cols, en montée et en descente, Vietto gagne à Grenoble, à Digne, à Cannes. Hélas, il a perdu beaucoup de temps le premier jour à cause d'une crevaison et Antonin Magne est maillot jaune. C'est lui le patron, Vietto n'est qu'un équipier loyal au service de son leader. Dans les Pyrénées, deux jours de suite, Antonin Magne est victime d'incidents mécaniques et René Vietto, sans hésiter, vient à son secours. Sur la route d'Ax-les-Thermes, il lui donne sa roue. Le lendemain, entre Ax-les-Thermes et Luchon, Magne suit Vietto dans la descente du col de Portet-d'Aspet. Saut de chaîne pour « Tonin » à cause d'un nid-de-poule. Le roi René n'a rien vu, c'est un suiveur à moto qui l'informe de l'incident. Vietto fait demi-tour et passe son vélo à Magne. La photo et le film qui montrent cet instant sont restés célèbres, décrits ainsi par Pierre Chany : « Il s'assied sur le parapet, le vélo amputé du maillot jaune appuyé au mur. Les larmes inondent son visage, tandis qu'il guette l'arrivée du camion de dépannage. Il attendra longtemps, très longtemps, et tombera à la sixième place au classement général[1]. »

Une abnégation rare et pas récompensée. René Vietto n'aura jamais sa chance. En 1939, il porte le maillot jaune pendant seize jours, puis craque dans l'Izoard, laissant la dernière victoire d'avant-guerre au Belge Sylvère Maes, déjà vainqueur en 1936, l'année où tout le monde se met à faire du vélo pour partir en vacances grâce aux premiers congés payés offerts par le Front populaire.

1. *La Fabuleuse Histoire du Tour de France*, *op. cit.*

La vie politique, une fois de plus, n'est pas très éloignée du Tour. Le ministre de l'Intérieur, comme chaque année, envoie en 1936 ses consignes aux préfets : « J'appelle [...] d'une manière toute spéciale votre attention sur la nécessité d'éviter qu'à l'occasion de cette publicité, l'ordre public ne soit troublé et que l'affluence des spectateurs dans les villes traversées, aux abords des contrôles et aux étapes, ne serve de prétexte à une propagande politique qui serait déplacée à propos d'une manifestation sportive[1]. »

De fait, *Le Populaire*, l'organe de la SFIO, ancêtre du Parti socialiste, et *L'Humanité*, qui aime bien continuer de titiller Henri Desgrange, veulent faire de cette boucle de juillet 1936 « le Tour de France du Front populaire », un mois avant les funestes Jeux olympiques de Berlin, transformés par les nazis en instrument de propagande. *L'Humanité* profite de réunions publiques pour dénoncer « les combinaisons commerciales » et appeler à de grandes manifestations le 14 Juillet contre la montée du fascisme. Quant au *Populaire*, qui soutient la politique du gouvernement de Léon Blum, il repeindra en 1937 la vie en rose en se félicitant que « l'application de la journée de huit heures et la semaine de quarante heures » aient « permis à la classe ouvrière de pratiquer un sport peu coûteux, l'athlétisme et le cyclisme »[2]. Le même *Populaire* accuse aussi, contre toute évidence, Henri Desgrange de favoriser

1. Cité dans *Le Tour de France cycliste, 1903-2005*, de Sandrine Viollet, L'Harmattan, 2014.
2. *Ibid.*

l'équipe nationale italienne « dans le but de faire plaisir à M. Mussolini »...

Les équipes nationales ont survécu jusqu'en 1962, année de leur remplacement par les équipes dites de marque. Une courte tentative de renouer avec des équipes en maillot national sera faite en 1967 et 1968. Mais les leaders, qui ont l'habitude de batailler les uns contre les autres toute l'année, ont du mal à s'entendre pendant trois semaines de juillet et les entreprises qui décident d'investir dans le cyclisme veulent voir leur nom en gros sur les maillots des coureurs. Certains nourriront des regrets : « Sentimentalement, les équipes nationales font la quasi-unanimité », écrit Abel Michéa dans le *Miroir du cyclisme* en août 1968, jugeant que « les équipes nationales répondent mieux aux vœux du public peut-être un peu cocardier, mais aussi amoureux de la simplicité, et qui aime à retrouver dans les compétitions cyclistes internationales les mêmes critères que dans les compétitions internationales des autres sports ».

Jacques Anquetil et Raymond Poulidor n'ont jamais couru ensemble dans une équipe de France, si ce n'est lors des Championnats du monde. Mais l'année où l'un d'entre eux aurait pu gagner (en 1966), le premier a tout fait pour faire perdre le second et permis à un troisième larron de triompher, l'Allemand Rudi Altig, qui se trouve être un ancien équipier... d'Anquetil. En 2018, le trio Pinot-Bardet-Alaphilippe manifestera davantage de solidarité. Mais le leader officiel, Alaphilippe, n'aura pas les jambes pour gagner. Bardet se contentera d'une médaille d'argent, alors que c'était sans doute, ce jour-là, Pinot le plus fort. Il se vengera peu après en gagnant de belle manière le Tour de Lombardie.

Peu de voix réclament aujourd'hui le retour des équipes nationales, à l'exception de celle de Xavier Louy, directeur du Tour en 1987 et 1988. Comme l'historien Fabien Conord, qui estime que le Tour a « perdu de son originalité[1] » en même temps que les maillots nationaux, Xavier Louy n'en démord pas : « Depuis qu'il a abandonné les équipes nationales, le Tour n'a pas retrouvé l'aura médiatique et populaire qui était la sienne », dit-il, ajoutant que « tous les grands événements sportifs se déroulent par équipes nationales »[2]. Xavier Louy a reçu un renfort symbolique tout récemment : dans *L'Équipe*, le 1er février 2019, Romain Bardet, l'un des possibles vainqueurs du Tour, déclare sur ce sujet : « Le Tour y gagnerait en lisibilité, ça réveillerait, je crois, un intérêt. » Très vite, le champion ajoute : « Comment faire avec les sponsors ? » Bonne question. Les directeurs sportifs interrogés sur le retour des équipes nationales répondent en haussant les épaules. Quant à Christian Prudhomme, il lâche, laconique : « Les partenaires n'investissent que pour être vus en juillet[3]. » Xavier Louy, qui tient à son idée depuis 1983, jure qu'il n'a pas dit son dernier mot.

---

1. *Le Tour de France à l'heure nationale*, PUF, 2014.
2. Entretien avec l'auteur, 6 mars 2019.
3. Entretien avec l'auteur, 11 février 2019.

GINO LE PIEUX, CHAMPION ET « JUSTE »

Benito Mussolini, au pouvoir en Italie avec le parti fasciste depuis 1922, est loin d'être insensible à la caisse de résonance que constituent le Giro d'Italie et le Tour de France à la fin des années 1930. Gino Bartali est le grand champion cycliste italien du moment. Il a déjà gagné deux Tours d'Italie ainsi que le Tour de Lombardie. En 1937, Bartali, surnommé « Gino le Pieux », est victime d'une chute en montagne entre Grenoble et Briançon. Blessé, il veut continuer pour rallier Paris et faire ensuite en Normandie un pèlerinage à Lisieux, car il vénère sainte Thérèse. « Et pourtant, raconte Alberto Toscano dans *Un vélo contre la barbarie nazie*[1], les responsables de l'équipe italienne obligent Gino à se retirer. Mussolini n'aime pas assister au calvaire de ses athlètes. Ils doivent exhiber des muscles, pas des blessures. Bartali rentre en Italie. On lui dit que, sinon, "ils" auraient pu lui retirer son passeport. » Roger Lapébie, dit « le Placide », offre une nouvelle victoire à la France, alors que l'ancien

1. Armand Colin, 2018.

président du Conseil André Tardieu sonne le tocsin le 16 juillet 1937 : « Il n'y a rien de si tranquille qu'un magasin de poudre une demi-seconde avant de sauter. Le feu pourrait être ici la bêtise humaine dont il ne faut pas désespérer[1]. »

Gino a perdu le Tour, mais il vient de conquérir le cœur des Français : « Depuis que les catholiques français ont appris la dévotion particulière que porte Bartali à la petite sœur de Lisieux, les lettres de France sont aussi nombreuses que celles d'Italie dans son courrier », note le 12 juillet 1937 *Le Petit Parisien*. Le même été, Bartali ne cache pas qu'il est le seul de l'équipe d'Italie à refuser de prendre la carte du parti fasciste.

En 1938, il confie à *Miroir-Sprint* : « Dès le début de la saison, on m'a fait savoir, de plusieurs côtés, qu'il serait bon que j'aille signer une grande victoire à l'étranger », en l'occurrence le Tour de France. Mais on lui demande pour cela de renoncer au Giro : « Je ne pouvais pas faire autrement, dit-il, c'était un ordre. […] Cela prit une dimension nationale. » D'autant que l'équipe italienne de football, comme en 1934, a remporté en juin à Paris la Coupe du Monde en battant la Hongrie en finale. Le Brésil est troisième.

Gino Bartali n'est pas suspect de connivence avec le fascisme, même si Jacques Goddet écrit – à tort – dans *L'Auto* que « Bartali sacrifiera tout à la discipline fasciste ». En 1938, Bartali ne pédale pas pour faire plaisir à Mussolini. Cette année-là, il est tout simplement le

1. Cité par Maxime Tandonnet dans *André Tardieu, l'incompris*, Perrin, 2018.

plus fort. « On écoute un poste de TSF, raconte l'écrivain Alphonse Boudard. Il nous diffuse une nouvelle qui nous captive autrement qu'Hitler et Mussolini. Gino le Pieux vient de passer en haut de l'Izoard, il a pratiquement le maillot jaune. Tout ça parce qu'il a de l'eau bénite dans son bidon. Des choses qui vous font croire que Dieu existe bel et bien… » Les centaines de milliers d'immigrés italiens en France lui font un triomphe.

Contrairement aux footballeurs qui ont fait le salut nazi, relate encore Alberto Toscano[1], Gino Bartali gagne le Tour mais « refuse, malgré les pressions qu'on peut bien imaginer, de lever son bras dans le *saluto romano* […] Gino le Pieux ne lève pas son bras droit. Il l'utilise pour faire ce que la presse italienne évite soigneusement de souligner : le signe de croix, qui est à l'époque un défi implicite au régime de Benito Mussolini ». Le lendemain, il préfère aller prier à l'église Notre-Dame-des-Victoires à Paris. De retour en Italie, le champion jettera dans l'Arno, à Florence, la « médaille d'argent de la valeur athlétique » que lui attribue le Duce. En 1939, Mussolini et Hitler interdiront aux coureurs cyclistes italiens et allemands de participer au Tour de France. La guerre arrive, Bartali troque son maillot pour l'uniforme, mais comme son cœur bat très, très lentement comme celui de tous les champions cyclistes, il n'est pas envoyé au front. Sur cette période, il ne racontera rien. Son futur rival Fausto Coppi, qui gagne en 1940 son premier Tour d'Italie, continue de courir grâce

1. *Un vélo contre la barbarie nazie…*, *op. cit.*

à des permissions puis part en 1943 en Tunisie avec son régiment d'infanterie, qui fait face aux hommes du général Montgomery. Il est même fait prisonnier par les Anglais jusqu'en 1945.

En France, leurs futurs adversaires traversent eux aussi la guerre et l'Occupation. Jean Robic change vingt-trois fois de domicile pour échapper au STO[1] puis il renseigne la Résistance[2]. Louison Bobet s'engage dans la Résistance dans sa commune de Saint-Méen-le-Grand, avant de rejoindre les FFI (Forces françaises de l'intérieur) en août 1944, alors que les troupes américaines du débarquement se dirigent vers Vannes, puis il intègre le 41e régiment d'infanterie à Rennes et combat dans la poche de Lorient. Le journaliste Émile Besson racontera : « Ce n'était pas un homme de droite, c'était un gaulliste. Il l'avait prouvé pendant la guerre en faisant de la Résistance active. Vous connaissez beaucoup de coureurs qui ont fait de la Résistance ? Sous l'Occupation, les coureurs ont presque tous fait du marché noir ! Ils sprintaient comme des chiffonniers pour des œufs, du jambon et du saucisson, qu'ils se dépêchaient de revendre[3]. »

Quant au chroniqueur radio du Tour Georges Briquet, il est déporté à Dachau, matricule 74311. Il décrira à son retour dans *Rescapé de l'enfer nazi*[4], en

1. Service du travail obligatoire, qui envoya des centaines de milliers de Français travailler contre leur gré en Allemagne.

2. *Robic 47*, Christian Laborde, Éd. du Rocher, 2017.

3. Cité par Jean-Emmanuel Ducoin dans son blog, « La roue tourne ».

4. Éd. La France au combat, 1945.

cinquante pages glaçantes, le quotidien du camp et cette adresse répétée d'un de ses kapos : « Vous voyez, là-bas, cette fumée ? C'est celle du crématorium. Ce sont des copains qui brûlent. Vous y passerez tous, salauds que vous êtes, ordures comme seule la France peut en produire ! » Ses camarades de souffrance ont l'idée de lui bricoler un faux micro avec des morceaux de câble et de métaux. Ainsi Georges Briquet peut-il commenter des arrivées d'étapes imaginaires et retrouver un peu le moral. Le soir, il n'est pas non plus le dernier, raconte-t-il dans son livre, à lancer un « tour de France des chansons », qui commence évidemment par « La Marche lorraine ».

En Italie, à la fin de la guerre, la démocratie chrétienne tente de faire de Gino Bartali un candidat aux élections et utilise son image en campagne électorale. Mais le champion préfère retourner faire le Giro (qu'il remporte en 1946) et le Tour de France, qu'il gagne en 1948, dix ans après sa première victoire, un exploit jamais renouvelé. « J'espère que, du paradis, Monsieur Desgrange me voit et m'estime toujours », déclare-t-il à l'arrivée. C'est l'époque de la grande rivalité Coppi-Bartali, contée par Dino Buzzati dans *Sur le Giro 1949*[1].

Comme en France pour Anquetil et Poulidor, il est quasi impossible, pendant cette période, d'évoquer Bartali sans parler de Coppi, et vice-versa. Dans *Les Deux Visages de l'Italie, Coppi et Bartali*, publié juste avant le Tour 1947 dans la revue *Sport Digest*, un autre écrivain, Curzio Malaparte, déjà croisé dans les couloirs

1. Éd. So lonely, 2017.

du traité de Versailles, a donné superbement les clés pour comprendre leur rivalité : « La foi de Gino est sincère et ardente, et il n'aime pas qu'on le blague sur ce chapitre. "Je suis un bon catholique", dit-il, comme s'il voulait vous persuader qu'il n'est un grand champion que parce qu'il est un bon catholique. [...] Coppi est piémontais et appartient sans le savoir à une espèce d'homme qui ne croit pas beaucoup au secours céleste. [...] Il est voltairien sans s'en douter. Bartali appartient à ceux qui croient aux traditions et à leur immuabilité, Coppi à ceux qui croient au progrès. Gino fait partie de ceux qui acceptent le dogme, Fausto à ceux qui le refusent, aussi bien dans le domaine de la foi, du sport et de la politique, que dans tout autre domaine. [...] Bartali croit à la vie future, au ciel, à la rédemption, à la résurrection, à tout ce qui constitue la foi catholique. Coppi est rationaliste, un cartésien, un esprit sceptique, un homme plein d'ironie et de doute, qui n'a confiance qu'en lui-même, en ses muscles, en ses poumons, en sa chance. Coppi ne redoute pas l'enfer : il redoute la deuxième place à l'arrivée. Il sait que, peut-être, Bartali arrivera le premier au paradis. Qu'importe ? Fausto Coppi veut arriver le premier sur la Terre[1]. »

Selon Alberto Toscano, le Tour de France 1948 est, « du point de vue italien, un événement aux extraordinaires (et bénéfiques) conséquences politiques et sociales. Un événement historique [...], un événement plus historique que sportif ». Car, le 14 juillet, à Rome, un néofasciste tire sur Palmiro Togliatti, secrétaire

1. Éd. Bernard Pascuito, 2007.

général du Parti communiste italien. La révolte gronde, on craint une guerre civile. Le soir, Bartali reçoit un appel téléphonique du président du Conseil italien et chef de la démocratie chrétienne, Alcide de Gasperi. « Bartali comprend que son pays a besoin de lui pour rêver d'un avenir pacifique. Le vélo de Gino croise une nouvelle fois le chemin de l'Histoire », explique Alberto Toscano[1].

Gino Bartali compte alors 21 minutes de retard sur Louison Bobet ! Pourtant, il gagne à Briançon après le passage du col de l'Izoard ; il gagne à Aix-les-Bains et prend le maillot jaune ; il gagne à Lausanne et ramène le maillot jaune à Paris. « J'ai fait seulement mon devoir, dit Bartali. Je me suis comporté comme un coureur cycliste. Si tout avait été calme en Italie, j'aurais livré bataille plus tard, lors d'une autre étape. »

Le miracle politico-sportif a eu lieu, embelli par la légende : Togliatti est vivant, il n'y a pas de guerre civile en Italie et, l'année suivante, Gino Bartali aura pour successeur Fausto Coppi, le « *campionnissimo* » à l'allure de héron, qui réalise le premier doublé Tour d'Italie-Tour de France ; Coppi et ses 118 victoires, dont deux Tours de France et cinq Tours d'Italie ; Coppi et son record de l'heure que seul Jacques Anquetil parviendra à battre en 1956 au Vigorelli à Milan[2] ; Coppi, le premier à s'imposer en haut des vingt et un virages de l'Alpe d'Huez en 1952. Mais Fausto Coppi fait aussi scandale, dans l'Italie catholique qui préfère Bartali, en

1. *Un vélo contre la barbarie…*, *op. cit.*
2. 45,848 km pour Coppi ; 46,159 km pour Anquetil.

divorçant pour épouser celle qu'on surnommait « la dame blanche ». Coppi mourra en 1960 à cause d'une malaria mal soignée, contractée en Afrique en même temps que Raphaël Géminiani, et qui aurait pu être sauvé si ses médecins avaient écouté ceux de « Gem ».

Il faudra attendre des dizaines d'années et les recherches des historiens pour qu'on apprenne ce qu'a fait Gino le Pieux pendant la guerre. Il a sauvé de la mort des centaines de juifs et ne s'en est jamais vanté. Il héberge chez lui la famille Goldenberg et offre à leur jeune garçon, Giorgio, 11 ans, un vélo d'enfant et une photo dédicacée, avant de le faire héberger dans un monastère. La photo est visible sur le site internet de Yad Vashem. Mais il fait plus encore, avec de nombreux catholiques italiens, dont le cardinal archevêque de Florence, Ellia Dalla Costa, qui s'était déjà fait remarquer en boycottant la visite d'Adolf Hitler à Florence en 1938. D'autres évêques, des prêtres et les sœurs clarisses d'Assise, auprès de qui sont cachés de nombreux juifs, unissent leurs efforts. Bartali, lui, va devenir « le facteur de la liberté », selon le mot d'Albert Toscano. Sa mission : cacher et transporter des faux papiers pour les juifs dans les structures métalliques de son vélo, et réceptionner de l'argent qui arrive de Suisse pour financer des opérations de sauvetage. Il est coureur cycliste, il doit s'entraîner pour garder la forme, et tout le monde le reconnaît sur les routes. Personne ne songerait à l'arrêter ou à lui demander ses papiers ou des comptes. Même son épouse, Adriana, n'est pas dans le secret. Sous couvert de partir s'entraîner, le héros du cyclisme permet de sauver des centaines de juifs persécutés par les nazis. En 2013, à titre posthume, Yad Vashem l'a fait « Juste parmi les nations » en déclarant : « Bartali, qui était un courrier de la Résistance, a eu un rôle important dans le sauvetage des juifs, dans le contexte du réseau créé par le rabbin Nathan Cassuto, dans lequel Dalla Costa s'était à son tour engagé. »

Mort en 2000 à l'âge de 85 ans, Gino Bartali n'aura pas vu son nom rajouté au Mémorial de Yad Vashem. À son fils Andrea, il avait confié, raconte Alberto Toscano : « Le bien doit être accompli dans la discrétion. Si on le divulgue, il perd de sa valeur, car c'est comme si on voulait tirer bénéfice de la souffrance d'autrui. Il y a des médailles qu'on accroche à son âme et qui compteront dans le royaume des Cieux, pas sur cette terre[1]. »

---

1. *Un vélo contre la barbarie…*, *op. cit.*

JEAN ROBIC GAGNE ET LA FRANCE RENAÎT

Il fait chaud. Affreusement chaud. Des records de température sont enregistrés en cet été 1947, qui ne seront battus qu'en 2003 et surtout 2018. Le réchauffement climatique n'est pas encore à l'ordre du jour mais, le 28 juillet, les 40 degrés sont dépassés dans plusieurs villes. Le Tour de France est arrivé à Paris depuis une semaine. Le premier Tour de l'après-guerre, le premier depuis 1939 et la victoire de Sylvère Maes un mois avant l'entrée des troupes allemandes en Pologne.

Pour que la France reprenne vie, il fallait, comme en 1919, que le Tour reparte. Le président du Conseil, Paul Ramadier, ne s'y est pas trompé et a été on ne peut plus clair : « Faites des économies sur tout, sauf sur le Tour de France ! » donne-t-il pour consigne devant l'Assemblée nationale. Car, ajoute-t-il, « pendant le Tour de France, les Français penseront à autre chose qu'à leurs misères quotidiennes ».

Les misères ne manquent pas, deux ans après la fin de la guerre. Les tickets de rationnement existent toujours. Les tout derniers, sur le sucre, l'essence et le café, ne disparaîtront que le 1er décembre 1949, en même temps que le haut-commissariat au ravitaillement. À cause d'un hiver 1946-1947 très rigoureux, précédant cet été étouffant, le blé a gelé. C'est la disette. Le gouvernement doit réduire la ration quotidienne de pain de 300 à 250 grammes par personne. Les économistes parlent d'une « année terrible » pour les 40 517 923 habitants d'un pays qui a subi quatre années d'occupation allemande. La France panse ses plaies, tente de se reconstruire au sens propre et au sens figuré. Depuis janvier, Vincent Auriol est à l'Élysée avec son bon accent rocailleux de Haute-Garonne. La IVe République se met en place tant mal que bien, puisque le général de Gaulle a claqué la porte le 20 janvier 1946 et décidé de faire cavalier seul en lançant le Rassemblement du peuple français (RPF).

Au fait, à qui appartient alors le Tour de France ? De sa création en 1903 à 1939, il est organisé par le quotidien sportif *L'Auto*. Mais le quotidien, comme la grande majorité des journaux, a continué de paraître après juin 1940 et donc sous censure allemande, tout en contestant toute forme de collaboration[1]. En revanche, malgré l'insistance des Allemands, Jacques Goddet, successeur d'Henri Desgrange, mort le 16 août 1940, a toujours refusé de reprendre le Tour pendant l'Occupation. On voit bien l'intention maléfique : « Ils voulaient donner l'illusion, explique Jacques Augendre, que la France occupée était un pays heureux[2]... »

1. Voir *infra*.

2. *Jacques Augendre. La mémoire du Tour de France*, Christophe Penot, Éd. Cristel, 2001.

L'occupant fait même la « réclame » du Tour dans les actualités que l'on peut voir au cinéma, après passage de la censure allemande. André Gide s'en offusque dans son *Journal* à la date du 6 février 1942 : « Les "actualités" françaises emplissent le cœur de larmes et font monter la rougeur au front. [...] On étale sur l'écran tous les titres d'une gloire passée, tâchant d'en faire déborder l'éclat jusque sur l'époque actuelle. » Le futur prix Nobel de littérature évoque « un raffut de tous les diables autour du Tour de France cycliste, sur lequel, à les entendre, tout l'univers aurait les yeux fixés. [...] Oh ! parbleu ! L'Allemagne peut bien nous laisser ce hochet, s'il nous contente ». Le chef du gouvernement, Pierre Laval, « souhaite la victoire de l'Allemagne » et un Tour de France en 1943.

Jacques Goddet ne cède pas, n'oubliant pas pour autant le maillot jaune, qui survit ici et là comme récompense pour les vainqueurs de courses secondaires, notamment un « Grand Prix de France » en 1943. Le journal collaborationniste *La France socialiste*, en revanche, répond présent à la *Propagandastaffel*, organisant en 1942, en six étapes, un « Circuit de France » qui ne connaîtra pas de seconde édition.

Collabo, *L'Auto* ? Dès 1942, les actions du journal sont partiellement passées entre les mains de Gerhard Hibbelen, proche de Otto Abetz, ambassadeur allemand à Paris, explique Sandrine Viollet dans *Le Tour de France cycliste, 1903-2005*[1]. Un frère de Jacques Goddet avait cédé ses parts à un ami peu regardant, explique

1. *Op. cit.*

Pierre Chany[1]... À la Libération, les dirigeants du journal, accusés d'avoir publié dans la rubrique « Savoir vite » les communiqués de l'occupant, se défendront : « Par une lutte de chaque jour, les dirigeants de *L'Auto* surent préserver "Savoir vite" des commentaires empoisonnés dont les Allemands tentèrent d'imposer l'insertion... Entre ce dont les Allemands tentèrent d'imposer la publication et ce qui – opposition faite par Jacques Goddet et Marcel Oger, rédacteur en chef – finit par paraître, il y a toujours eu une telle différence qu'il est possible d'imaginer – avec quel effroi ! – ce que serait la populaire feuille jaune abandonnée à la propagande allemande. »

Toujours est-il que, comme ce fut le cas pour beaucoup d'autres titres, les biens de *L'Auto* sont confisqués pour faits de collaboration et confiés à la Société nationale d'édition de presse (SNEP). Le journal ne reparaîtra pas. Rue du Faubourg-Montmartre, sur le trottoir d'en face, au numéro 13, *L'Équipe* est déjà née et entend bien reprendre le flambeau. Au-delà du symbole, il y a des intérêts économiques en jeu que chacun sent de plus en plus prégnants.

Deux groupes se disputent la paternité du Tour : d'un côté *L'Équipe* et Jacques Goddet, héritiers de *L'Auto* et d'Henri Desgrange ; de l'autre, *Sports*, d'obédience communiste. Au cours de l'été 1946, associé à *Ce soir*, *Sports* avait lancé la « Ronde de France », une épreuve en cinq étapes de Bordeaux à Grenoble. Contre-attaque immédiate de *L'Équipe* avec un « Petit

1. *La Fabuleuse Histoire du Tour de France*, *op. cit.*

Tour de France » entre Monaco et Paris, fin juillet 1946, bénéficiant de la bénédiction et de l'aide financière de la famille Grimaldi. Mais ce ne sont que des amuse-bouches.

Jacques Augendre, fidèle historien du Tour, explique la suite : « D'un côté, le groupe de presse communiste, propriété de *L'Humanité*, de *Ce soir* et de *Sports*, faisait valoir que son action pendant l'Occupation avait été nettement plus efficace que celle de *L'Auto* ; de l'autre, les nouveaux associés de *L'Équipe*, parmi lesquels on comptait un certain nombre de résistants, réclamaient ce qu'ils considéraient comme un dû. Grâce à l'intervention d'un autre résistant, Émilien Amaury, qui a créé en 1944 *Le Parisien libéré*, le gouvernement de l'époque décide de choisir *L'Équipe*[1]. » Et *Le Parisien libéré*. Commentaire de Jacques Augendre : « D'où une réalité historique que l'on n'a jamais prise en compte : le Tour de France a décidé du sort de la presse sportive ! » En effet, *Sports* n'a pas survécu et *L'Équipe* est toujours là, terrassant au fil des années toutes les initiatives, tous les rivaux qui ont tenté de se mettre sur sa route. En 1947, *L'Humanité* (qui a tant dénigré le Tour avant-guerre !) reçoit un lot de consolation avec le parrainage du trophée du meilleur grimpeur. Un trophée que personne alors ne voit puisque le maillot à pois ne sera créé qu'en 1975.

Preuve supplémentaire que le pouvoir politique regarde de très près ce Tour de la renaissance, le préfet

1. *Jacques Augendre. La mémoire du Tour de France,* Christophe Penot, *op. cit.*

de Paris, André Kaouza, est aussi le président de la nouvelle société du Tour. Il suit toutes les étapes et écrit des comptes rendus dans le journal *Ambiance*. Le 25 juin, les coureurs partent de Paris et commencent par descendre les Champs-Élysées avant un départ réel donné sur la nationale 1, à Pierrefitte-sur-Seine, dans ce qui n'est pas encore la Seine-Saint-Denis. Jacques Goddet écrit dans *L'Équipe* : « Alors que notre pays, brisé par tant de dures années, grince et gémit, supportant les convulsions qui le secouent, le Tour de France, cette grande fête populaire, reprend sa place. Le Tour, c'est un message de joie et de confiance. Son existence même évoque intensément l'idée de paix. Parce qu'au moins, l'une de ses missions est d'apaiser les nerfs et les esprits. Parce qu'il remet en mouvement cette énorme machine dont le moteur accélère l'économie de la France. Parce qu'il plaque sur tous les décors radieux de notre pays la frise émouvante, enthousiasmante, étonnante, d'une chevauchée héroïque dont la haine est exclue. » L'écrivain Louis Aragon ne dit pas autre chose : « La leçon tous les ans renouvelée et qui manifeste que la France est vivante, et que le Tour est bien le Tour de France[1]. »

Dans son livre *Les Merveilleuses Histoires du Tour de France*[2], le journaliste Jean-Paul Brouchon raconte ce qu'il a fallu trouver, en seulement cinq mois, pour que le Tour puisse s'ébranler le 25 juin : une tonne de viande, 800 kilos de sucre et de bananes, 30 hectolitres

1. *Ce soir*, juin 1947.
2. Éd. Jacob-Duvernet, 2009.

de vin, 250 paires de roues, 2 000 boyaux, 350 paires de lunettes de soleil, 6 000 bidons, 150 valises, du carburant pour les avions qui transportent les invités, 30 voitures, un camion aménagé pour la Croix-Rouge, un camion-citerne. Sans oublier évidemment 150 vélos, dont 50 de rechange. Un miracle ! Les coureurs viennent dans les locaux de *L'Équipe* chercher leur paquetage, mais c'est au Vélodrome d'Hiver, rue Nélaton, qu'ils récupèrent bicyclette et boyaux de rechange.

Oui, au Vél' d'Hiv', haut lieu des Six Jours de Paris depuis 1913, devenu enceinte tragique. Entre le 16 et le 17 juillet 1942, plus de 13 000 juifs ont été arrêtés, entassés dans ce vélodrome au cœur du XVe arrondissement de Paris avant d'être déportés. Ils seront une centaine seulement à revenir des camps d'extermination. Comme si la mémoire nationale avait décidé de gommer une partie des drames que le monde vient de traverser, la vie y a repris son cours, une chape de plomb s'est abattue sur cet épisode et les Six Jours de Paris ont recommencé leurs tours de piste dès 1946. Ils se dérouleront chaque année jusqu'à la destruction du vélodrome en 1959. Jacques Anquetil figure au palmarès des deux dernières éditions. Dans son livre *Le Vélo à l'heure allemande*[1], Jean Bobet, frère de Louison et coureur cycliste lui-même, écrit de Jacques Goddet, directeur du Tour : « Sa plus grande souffrance restera jusqu'à sa mort la Rafle du Vél' d'Hiv', dont il était actionnaire. Il n'était pas prévenu. Le concierge lui a dit que les petites portes sur les côtés étaient

1. Éd. La Table ronde, 2007.

barricadées, ils ne pouvaient pas les ouvrir. » Pourquoi le Vél' d'Hiv' ? Parce que « c'était la plus grande salle disponible sur Paris »...

Long de 4 642 kilomètres, doté de 4 580 000 anciens francs pour le vainqueur, le Tour 1947 fait étape à Bruxelles, puis à Luxembourg, deux capitales étrangères qui reçoivent l'épreuve pour la première fois. La formule des équipes nationales, qui a fait ses preuves depuis 1930, est reconduite, ainsi que celle des équipes régionales. René Vietto, qui a si souvent couru après la victoire avant-guerre, est le leader de l'équipe de France. Il compte autour de lui Lucien Teisseire, Édouard Fachleitner, Émile Idée et le jeune Bobet, qui se prénomme encore Louis. Les autres coureurs français sont répartis dans cinq équipes régionales. À la tête de l'équipe de l'Ouest se trouve « un petit Breton têtu, hargneux », selon Jacques Goddet : Jean Robic, dit « Biquet », reconnaissable entre tous avec son casque à boudins (il tombe souvent et protège sa tête). Il n'a encore jamais porté le maillot jaune. Sur quatre-vingt-dix-neuf partants, onze seulement ont déjà fait le Tour. Les deux grands champions italiens sont absents : Fausto Coppi, qui a gagné le Giro d'Italie, ne veut pas se disperser ; Gino Bartali, vainqueur en 1938, se voit interdit de course par son employeur. Pierre Brambilla, qui se décrira lui-même longtemps comme « un Italien de France » (il choisira la nationalité française deux ans plus tard), est déjà considéré comme un étranger dans l'équipe italienne. Celle-ci ne se démènera pas pour l'épauler. Jean Robic, qui s'est marié le 21 juin, trois jours avant le départ, a fait une promesse à Raymonde, son épouse : « Je suis pauvre, je t'épouse, le Tour de France sera mon cadeau de mariage[1]. »

Il n'est pourtant pas favori. Tout le monde pense que René Vietto va enfin gagner. De fait, il assomme la course dès la deuxième étape, Lille-Bruxelles, après 180 kilomètres d'échappée solitaire. Il franchit les Alpes en leader mais faiblit dans les Pyrénées. Le 18 juillet, ses dernières illusions s'envolent : une étape contre la montre de 135 kilomètres (135, vous avez bien lu !) lui est fatale. Le Belge Raymond Impanis gagne l'étape et Pierre Brambilla prend le maillot jaune. À deux jours de l'arrivée, il a cinq minutes d'avance sur Robic. La suite fait partie de la légende du Tour : la dernière étape part de Caen, encore sous les décombres de la guerre, passe à Deauville et Trouville, puis à Rouen. À la sortie de Rouen, se trouve la côte de Bonsecours. Une attaque de Robic, deux attaques de Robic, trois attaques de Robic, une attaque de Fachleitner suivi par Robic. Personne n'a le temps de se retourner pour contempler la capitale normande, que Victor Hugo appela « la ville aux cent clochers » et qui a été en partie détruite par les bombardements alliés de 1944.

Le peloton vole en éclats, c'en est fini du maillot jaune de Brambilla. À l'arrivée, au Parc des Princes, Jean Robic reçoit le maillot jaune des mains de Gaston Monnerville, président du Conseil de la République (le nom du Sénat sous la IVe République) et futur farouche adversaire du général de Gaulle, qu'il accusera de

1. Cité par Christian Laborde dans *Robic 47*, *op. cit.*

« forfaiture » lors du référendum de 1962 sur l'élection du président de la République au suffrage universel.

Jamais en retard d'un petit coup de gloriole, Jean Robic commentera plus tard : « En 47, je n'ai eu aucun mérite, j'étais irrésistible. Ce dont je suis le plus fier, c'est d'avoir réparé, tout seul, en pleine nuit, ma boîte de vitesses à la veille d'un championnat de France de cyclo-cross et d'avoir réussi à prendre le départ. » La légende, toujours elle, raconte que Pierre Brambilla, de dépit, serait allé le soir même enterrer son vélo dans son jardin. Lui-même a donné la vraie version[1] : il a bien enterré un jour son vélo dans son jardin après une défaite, mais c'était en 1952 à l'issue d'un Dauphiné libéré. Étonnamment serein, cet immigré si bien intégré, installé près du lac d'Annecy, affirma ensuite avoir plus le moral dans son métier de maçon (il disait « constructeur ») que quand il était coureur cycliste.

Le maillot jaune de Robic est toujours visible dans la basilique de Sainte-Anne d'Auray, ce « modeste maillot de laine, racorni, rétréci comme une relique » que décrit avec émotion Serge Laget[2]. Robic y gagnera une gloire quasi éternelle et les enfants crieront longtemps « Vas-y Robic ! » aux cyclistes du dimanche. Titre de *L'Équipe* le 21 juillet 1947 : « En trente kilomètres, Jean Robic étincelant arracha le maillot à Brambilla, qui s'écroula ». Jacques Goddet lâche sa plume : « À côté des coureurs qui ont triomphé des embûches et des peines de la route, à côté de Robic, vainqueur qui a

1. Archives de l'INA (Institut national de l'audiovisuel).
2. *100 ans de maillot jaune*, *op. cit.*

été empoigner sa victoire à bras-le-corps, il y a un autre magnifique gagnant : le Tour, en saluant l'intention de Desgrange, a été magnifié : distraire et communiquer de l'enthousiasme par l'exemple d'une bataille sincère, où l'homme prouve qu'il sait tout endurer pour atteindre le but. » Une dernière phrase que l'on peut lire comme étant relative à la guerre, ou relative à la course.

Comme en écho, le général de Gaulle va lui aussi se laisser inspirer par la Grande Boucle. Lors d'un discours prononcé à Rennes le 27 juillet, l'homme du 18 juin 1940 évoque le bloc soviétique : « Sa frontière n'est séparée de la nôtre que par cinq cents kilomètres. Soit à peine la longueur de deux étapes du Tour de France cycliste »...

Les Français ont oublié leurs misères, mais celles-ci vont se rappeler à leur bon souvenir. Trois semaines avant le départ du Tour, à Paris, George Marshall a présenté son plan d'aide à la reconstruction de l'Europe, plan qui porte son nom. Commencées avant l'été dans les banques et les usines automobiles, les grèves reprennent à l'automne et touchent tous les secteurs, grands magasins, éducation, mines, etc. Les ministres communistes, sur injonction de Moscou, sont partis. Si de Gaulle et le RPF ont gagné des élections municipales, le PCF est tout-puissant avec son bras armé de la CGT. Les conflits sont longs et violents. Des centraux téléphoniques sont attaqués à Paris. À Marseille, un conseiller municipal est défenestré, sans trop de dommage. À Saint-Étienne, les grévistes attendent les CRS (tout nouvellement créés) avec des barres de fer. Des armes sont volées à la police et trois automitrailleuses à l'armée. Surtout, le 3 décembre 1947, la voie de chemin de fer est sabotée à Arras. L'express postal Paris-Tourcoing déraille : plus de vingt morts, une cinquantaine de blessés. On considère qu'en cette année 1947, trois millions de personnes se sont mises en grève. Et cela va continuer en 1948. Le ministre de l'Intérieur, Jules Moch, devra envoyer l'armée, y compris un régiment de parachutistes, pour mettre de l'ordre dans les houillères. Au total, 60 000 soldats et CRS face à 15 000 mineurs grévistes. La récréation de l'été 1947 est bien loin.

LE TEMPS DE L'INSOUCIANCE

À la télévision, de nos jours, le commentateur s'exclamerait : « Qu'elle est belle, cette image ! » On est en 1950, il fait très chaud. Au cours de l'étape Toulon-Menton, le Tour de France passe le long du golfe de Saint-Tropez où Brigitte Bardot (qui n'a que 16 ans !) n'a pas encore investi la Madrague. La moitié des coureurs du peloton posent leur vélo et filent vers la Méditerranée. La plupart ne font que s'asperger d'eau, quelques-uns trempent les pieds ou piquent vraiment une tête. On n'y reconnaît pas le Suisse Ferdi Kübler, qui porte le maillot jaune et va gagner l'épreuve. Le directeur de la course, Jacques Goddet, toujours élégant et digne avec son bermuda et sa chemise kaki, son casque colonial et ses chaussettes hautes, est furieux : « Ne serait-il pas plus convenable que les cyclistes apprennent ou réapprennent leur métier plutôt que se livrer à cette manifestation de Carnaval que fut la plongée collective de la moitié du peloton dans les eaux du golfe de Saint-Tropez[1] ? »

1. *L'Équipe*, 30 juillet 1950.

L'image en dit long sur ce Tour d'une autre époque, Tour de l'insouciance, comme si tout le monde poussait un « ouf » de soulagement après les années de guerre et de privations. La vie est belle et facile, semblent dire les Tours des années 1950, même si dans le même temps d'énormes efforts de reconstruction du pays sont en cours. La France voit plus que jamais la vie en jaune. Les suiveurs sont torse nu sur des motos (et sans casque !), des journalistes et même des directeurs sportifs font la sieste à l'arrière des voitures décapotables, des coureurs sollicitent les jets d'eau des spectateurs, s'abreuvent aux fontaines communales ou entrent dans des bistrots pour chercher à boire (la « chasse à la canette » !) sans trop se préoccuper du contenu des bouteilles qu'ils chapardent. Le coureur algérien Abdel-Kader Zaaf se fait même piéger, anecdote célèbre, par des spectateurs qui lui donnent… du vin. Alcool plus chaleur, le malheureux repart dans le mauvais sens et, titubant sur la route, finit par heurter un arbre sous lequel le ramassent les secours. En 2018, alors que des gaz lacrymogènes avaient été utilisés par les forces de l'ordre contre des agriculteurs qui bloquaient la route, on a vu le champion du monde Peter Sagan hésiter et lire la notice avant de mettre dans ses yeux un collyre donné par le médecin de la course. Les coureurs se méfient désormais de tout, surtout des produits interdits ou susceptibles de l'être.

« C'était le temps béni où le cyclisme entraînait la rengaine », écrit le journaliste Philippe Brunel, l'une des plus fines plumes du vélo, dans son livre *Le Tour de*

France intime[1], où l'on découvre les coureurs passant la visite médicale sous l'œil des photographes, Fausto Coppi en train de prendre un bain de pieds dans le bidet de sa chambre d'hôtel, Hugo Koblet récupérant des forces dans sa baignoire et Raymond Poulidor sortant de la douche. « Les champions mêlaient leur vie privée à celle du Tour de France, écrit Brunel, sans craindre de s'exposer, et cette promiscuité éclairait la chronique d'une forte charge de romantisme. Il n'y avait pas de caméras, pas de micro sans fil, pas encore de contrôles médicaux[2]. »

La télévision n'a pas non plus imprimé ses règles à la course. Le premier reportage en direct a lieu le 25 juillet 1948 à l'occasion de l'arrivée au Parc des Princes, encore stade et vélodrome, avec des caméras fixes. Au début des années 1950, un résumé de la veille est diffusé chaque jour. Mais il faut attendre le 8 juillet 1958 pour voir un petit morceau d'étape en direct, des caméras ayant été placées en haut de l'Aubisque. Il y a du brouillard, on aperçoit tout juste l'ange Charly Gaul et l'aigle Federico Bahamontes. Le journaliste Georges de Caunes est chargé du commentaire. C'est Robert Chapatte, ancien coureur lui-même, qui donnera ensuite tout leur éclat aux retransmissions dans les années suivantes.

Même après cette révolution, la télévision ne retransmet guère que les vingt derniers kilomètres de l'étape, entre deux génériques de l'Eurovision accompagnés

1. Calmann-Lévy, 1995.
2. *Ibid.*

de la célèbre musique de Marc-Antoine Charpentier. Les coureurs ne sont donc pas obligés de montrer la marque de leur équipe aux caméras pour faire plaisir à leur employeur. Ils roulent souvent « pépère » en attendant les difficultés du jour ou le sprint final. Quand la course est stoppée par un passage à niveau fermé, il est fréquent qu'ils escaladent les barrières. Ou qu'ils saluent les voyageurs qui ont baissé les vitres du train (parfois à vapeur) ou de l'autorail qui les emmène en vacances. Sur le bord des routes, même les gendarmes ont apporté un casse-croûte. Les curés sont en soutane et les bonnes sœurs à cornettes lèvent le pouce pour dire leur admiration. Les patrons laissent sortir les employés le temps du passage du peloton. Les vieilles dames donnent dans la nostalgie et repensent à André Leducq ou René Vietto en admirant l'habileté des coureurs qui attrapent leur musette au contrôle de ravitaillement. Une habileté qui avait déjà frappé l'écrivain Tristan Bernard, s'extasiant avant-guerre : « Ce qui nous frappe aussi, c'est la grâce et l'adresse de ces cyclistes : par exemple, quand ils côtoient une voiture de ravitaillement, lâchent leur guidon, enlèvent le boyau usé qu'ils ont autour des épaules et le remplacent par un boyau neuf qu'ils enroulent autour de leur torse... De loin, on dirait des charmeurs de serpents[1]. »

Écrivains, chanteurs et publicitaires se laissent inspirer par l'épreuve. Dans *Je me souviens*[2], qu'interpréta en 1989 l'acteur Sami Frey en pédalant sur scène, Georges

1. *Compagnon du Tour de France*, Arthaud, 1935.
2. Hachette, 1978.

Perec écrit : « Je me souviens de Ronconi, de Brambilla et de Jésus Moujica ; et de Zaaf, l'éternel "lanterne rouge[1]". » Et « Je me souviens avoir obtenu, au Parc des Princes, un autographe de Louison Bobet. »

La publicité (on dit « la réclame ») est en plein essor et utilise la renommée de la course. Le dessinateur Pellos croque un Gino Bartali amateur de Banania ; la marque Sorville vante sa brillantine, car « elles préfèrent les hommes bien coiffés », dit le slogan à côté d'une hôtesse embrassant le vainqueur ; Pontiac s'octroie le qualificatif de « maillot jaune des montres avec Bobet ». « Elle court, elle court, la pointe Bic », lit-on à côté d'un petit coureur stylisé. On distribue aux enfants un album à colorier avec le même Bobet en jaune, « offert par Viandox ». Les spectateurs se protègent du soleil avec des chapeaux en papier estampillés du logo des sodas Vérigoud. Jean Graton dessine pour le journal *Tintin* une aventure intitulée « Le maillot jaune a disparu » ; Tintin lui-même revêt un maillot bouton-d'or dans les colonnes du même journal, et les Pieds nickelés de Pellos (Ribouldingue, Croquignol et Filochard) font évidemment le Tour de France ! Marcel Amont chante « Il a le maillot jaune ». Quelques années plus tard, Louis Malle[2] puis Claude Lelouch[3] (un an avant *Un homme et une femme*) viendront filmer le peloton. Avant-guerre déjà, on avait pu voir un film intitulé *Le Roi de la pédale*, avec l'acteur Biscot, vedette de l'époque, et *Pour le maillot*

1. *Je me souviens*, Fayard, 2011.
2. *Vive le Tour !*, 1962.
3. *Pour un maillot jaune*, 1965.

jaune, avec Albert Préjean. En 1974, Joël Santoni tournera *La Course en tête* et la star en sera Eddy Merckx.

En 1948, pour rendre hommage à Henri Desgrange, une stèle a été érigée en haut du col du Galibier et ses initiales, « HD », sont inscrites sur le maillot jaune. Les organisateurs doivent souvent expliquer aux coureurs des jeunes générations l'origine de cette inscription qui s'est baladée en haut du maillot, sur le côté, sur les épaules, et a même disparu au tout début des années 1980 pour être remplacée par un logo « Tour de France » avant de réapparaître sous l'impulsion de Jean-Marie Leblanc en 2003, l'année du centenaire. Désormais, les initiales « HD », dont le graphisme n'est pas forcément lisible au premier coup d'œil, figurent aussi sur la voiture du directeur de la course. Mais au bas du maillot jaune, on les distingue à peine.

Tout le monde ou presque aime alors le Tour. Pour la presse écrite, ce sont des années de bonheur. Au milieu des années 1950, on compte plus de 120 quotidiens lus par plus de dix millions de Français. Coorganisateur du Tour, *Le Parisien libéré* affiche fièrement, avec ses 884 000 exemplaires, qu'il est « le plus fort tirage et la plus forte vente des quotidiens du matin ». *France-Soir* explose le plafond du million d'exemplaires. En province, *Ouest-France* a déjà dépassé les 500 000.

La presse magazine n'est pas en reste. Le journal de romans-photos *Nous deux* (« l'hebdomadaire qui porte bonheur ») montre une femme blonde se précipitant dans les bras d'un homme en maillot jaune qui rentre à la maison. Le champion peut poser avec quatre jeunes filles en robe du dimanche et sac de soirée sans faire hurler les féministes. On ne se demande pas s'il faut supprimer, à l'arrivée, la bise des hôtesses aux champions du jour. Après les Miss locales, des vedettes de la chanson se plient à l'exercice : Joséphine Baker avant-guerre, puis Annie Cordy et Line Renaud, qui se fait connaître grâce au Tour, bien avant de triompher à Las Vegas. Quant à Yvette Horner, juchée en haut d'une Traction Avant marquée de son nom en grosses lettres (comme celui des coureurs pendant les courses contre la montre), elle joue de l'accordéon tout au long des 5 000 kilomètres, sauf dans la descente des cols, où les suiveurs sont priés de se cramponner en écoutant le crissement des pneus dans les virages… Pour chasser les moustiques indélicats, on finira par installer un « pare-insectes » transparent devant la musicienne.

Le soir, après l'étape, les journalistes vont et viennent dans les chambres des coureurs. Ceux qui veulent se doper ont intérêt à être discrets. Il en sera encore ainsi dans les années 1970, comme en témoigne Bernard Thévenet : « Quand j'ai gagné le Tour en 1975, les journalistes s'invitaient dans ma chambre jusqu'à dix heures du soir, j'étais parfois obligé de les virer : "Bon, les gars, y a étape demain, je vais me coucher." Maintenant tout est plus policé, réfléchi. Le monde est comme ça. Plus personne ne parle sans son avocat à côté de lui[1]. » Dans les années 1990-2000, il y eut surtout beaucoup de choses à cacher.

Dans l'immédiat après-guerre, le Tour ne transporte pas avec lui 5 000 personnes comme aujourd'hui. Tout le

1. *Vélo Magazine*, décembre 2018.

monde peut dormir dans la même ville, où il y a un spectacle le soir. Charles Trenet en est alors un habitué et en profite en 1952 pour écrire une chanson restée inédite :

Partout où passe le Tour de France
C'est la fête, c'est dimanche
C'est dimanche de la France
On distribue les chapeaux en papier
Des mirlitons, des savonnettes
On voit passer Georges Briquet
On voit même des coureurs à bicyclette
Maman, v'là le maillot jaune canari
V'là Coppi
Bartali et Géminiani
Et puis voilà ils sont passés
Y'en a jusqu'à l'année prochaine
Il reste des prospectus froissés
Sur la route comme une traîne
Sur la route des tours passés[1].

Tandis qu'André Darrigade, Rik Van Steenbergen, Roger Hassenforder, Gilbert Bauvin, Antonin Rolland et Raphaël Géminiani intègrent le club des porteurs du maillot jaune, les passations de pouvoir se succèdent à l'hôtel Matignon, dans l'instabilité chronique de la IVe République : de Georges Bidault à Henri Queuille, de Guy Mollet à Antoine Pinay, de René Pleven à Edgar Faure et Joseph Laniel, dont on peut

1. « Tour de France », cité par Benoît Heimermann dans *Ils ont écrit le Tour de France*, Flammarion, 2013.

se demander s'il n'avait pas un lien avec le maillot or puisque François Mauriac écrivit de lui : « Il y a du lingot dans cet homme-là[1]... »

Ce sont des temps de fausse insouciance. La France doit régler le problème algérien tandis que le monde s'enfonce dans la guerre froide. Mais c'est aussi l'époque des Trente Glorieuses. La démographie bat des records, on rêve de pouvoir acheter « une automobile » et de partir en vacances, on croit au progrès et à l'avenir, les hommes commencent même à envoyer des satellites dans l'espace avec *Spoutnik 1*.

Parmi les champions de ces années-là, outre le grandissime Fausto Coppi, le « *campionissimo* », un coureur correspond bien à cette ambiance. Il est suisse et s'appelle Hugo Koblet. Il est surnommé « le pédaleur de charme ». Tout semble facile pour cet homme-là, qui n'a pas le plus lourd palmarès de l'histoire du cyclisme mais a imprimé une formidable légende sur les tablettes : le 15 juillet 1951, alors qu'il a été un an plus tôt le premier non-Italien à gagner le Giro, il se lance dans une folle échappée entre Brive et Agen. Il parcourt tout seul 135 kilomètres. La veille, il a offert une gerbe de fleurs aux Français à l'occasion de la fête nationale. Maintenant, il file. D'abord, ses adversaires ricanent. Non qu'ils le sous-estiment : il les a déjà battus dans l'étape contre la montre. Mais c'est une de ces échappées que l'on croit condamnées *a priori*. Koblet comptera jusqu'à 4 minutes d'avance et arrivera à Agen 2 minutes et 35 secondes avant la meute des

1. « Bloc-Notes » dans *L'Express*, 1954.

Bobet, Kübler, Magni, Coppi et les autres. *L'Équipe* voit dans sa chevauchée une possible « révolution dans l'art de bien courir la grande épreuve ». Hugo Koblet gagne ensuite deux autres étapes et les deux Français qui l'accompagnent sur le podium à Paris, Raphaël Géminiani et Lucien Lazaridès, sont battus de plus de 20 minutes. Le vétéran Bartali est quatrième ! Aimable et élégant, Koblet, qui prenait le temps de se recoiffer précautionneusement avant de saluer la foule, perdra cette belle aptitude au bonheur. Une reconversion ratée et des problèmes conjugaux le plongeront dans des lendemains de carrière dramatiques. En 1964, l'Alfa Romeo qu'il conduit ira se fracasser contre un arbre. La thèse du suicide n'a pas été écartée.

En 1956, c'est un outsider, Roger Walkowiak, qui l'emporte. On est bien injuste avec lui en suggérant qu'il a gagné par hasard et faute de combattants, alors qu'on retrouve dans le classement des champions nommés Charly Gaul, Federico Bahamontes ou Gastone Nencini, tous futurs vainqueurs du Tour. Sur le maillot jaune de « Walko », cet ouvrier tourneur en usine, fils d'un immigré polonais, apparaît un nouveau nom de sponsor : celui de l'apéritif Saint-Raphaël. Il y a longtemps que les marques de cycle et de pneus avaient fait leur apparition dans la caravane, du vélo Alcyon d'André Leducq au Stella de Louison Bobet, au Bianchi de Fausto Coppi, au Génial Lucifer de Jean Robic. Mais les marques qui n'ont rien à voir avec le cyclisme sont en train de faire leur apparition, au-delà des équipes nationales et régionales. Nivea a été l'une des premières à se lancer en Italie, notamment avec Fiorenzo Magni, rival de Coppi et Bartali, surnommé « le Lion des Flandres » pour avoir remporté trois années de suite la grande classique belge du printemps. Saint-Raphaël, ce qui semble inimaginable aujourd'hui, n'est pas la seule marque d'alcool à arriver sur les maillots, notamment celui de Jacques Anquetil au début des années 1960. André Darrigade courra pour le vin Margnat ; Jan Janssen pour la bière Pelforth ; Stan Ockers pour la bière Wiel's. De même, on verra l'immense sprinter Rik Van Looy sponsorisé en fin de carrière par les cigarettes Willem II.

Sollicités avant-guerre pour faire eux-mêmes de la publicité, les coureurs ne se faisaient pas prier pour vanter les mérites de l'alcool et du tabac. Le slogan « Du cran, de l'entrain en buvant du Clacquesin », valide Antonin Magne. « Tout au long du Tour, on boit du Clacquesin. Prenez-en à votre tour. C'est bon, cela fait du bien. Buvez Clacquesin, le plus sain des apéritifs », déclare la « réclame » en 1935. « J'aime les cigarettes Lucky Strike », assure André Leducq. Plus tard, Gino Bartali associera son nom au papier JOB, le meilleur pour rouler les cigarettes... Même Eddy Merckx fera la publicité pour les cigarettes R6[1]. Dans le documentaire *La Légende du Tour de France*, de Jean-Christophe Rosé et Benoît Heimermann, on voit des coureurs autour d'un verre de pastis...

À une époque où on incite les automobilistes à se donner du courage en buvant un petit verre avant de

1. Lu dans *Le Tour de notre enfance*, de François Thomazeau, préface de Jean-Paul Ollivier, Éd. du Layeur, 2007.

prendre la route, les slogans des alcooliers associés au Tour de France sont légion dans ces années 1950 : « Sprinter, routier ou touriste, quel que soit son maillot, rien ne lui résiste quand il prend un Cinzano » ; « Cointreau, la liqueur préférée des sportifs » ; « À l'arrivée, d'abord une bonne bière d'Alsace, bière de classe ! » Dans la caravane, les marques d'apéritif Cynar (« À base d'artichaut »), Byrrh, Vabé pour le classement par équipes (« Qui boit Vabé va bien ») et Suze sont omniprésentes, ainsi que les Vins du Postillon. Plus près de nous, Buckler financera une équipe, mais l'honneur est sauf, c'est une bière sans alcool. De 1959 à 1987, la marque Pernod, avec le « Super Prestige », le « Prestige » et la « Promotion » Pernod, établit le classement annuel des coureurs, sorte de championnat du monde par points. Les temps ont bien changé !

Sur les routes de France, ne faisant pas de publicité mais adepte du whisky, du méchoui et de la langoustine mayonnaise même la veille des courses – alors que Louison Bobet introduit la diététique dans le vélo –, un autre ange pédalant apparaît : Jacques Anquetil. Le directeur sportif de Raymond Poulidor, Antonin Magne, aura ce mot superbe en 1962, lançant à son coureur sur le point d'être rejoint et dépassé par le Normand dans une étape contre la montre : « Rangez-vous, Raymond, et admirez la caravelle qui passe ! » Anquetil, dont le journaliste Philippe Brunel mentionne « le romantisme exacerbé » et que Paul Fournel a si bien raconté dans *Anquetil tout seul*[1], un livre récemment

1. Éd. du Seuil, 2012.

adapté au théâtre. Anquetil, que son directeur sportif Raphaël Géminiani définissait en trois mots : « Un réacteur, une machine IBM et un alambic. »

Jacques Anquetil aurait peut-être pu gagner six, sept, huit Tours de France s'il l'avait voulu, ne gagnant « que » les éditions 1957, 1961, 1962, 1963 et 1964. Solitaire comme de Gaulle, adepte des hauteurs même s'il n'était pas le meilleur grimpeur de sa génération, c'est lui qui fait le lien entre la fin de la IVe République et les débuts de la Ve, sur fond de guerre d'Algérie où son futur meilleur ennemi, Raymond Poulidor, est prié d'aller se battre. Faute de gagner cinq, six ou sept tours d'affilée, Anquetil laisse en 1959 Federico Bahamontes, surnommé « l'Aigle de Tolède », devenir le premier Espagnol à gagner le Tour.

En 1958, le Luxembourgeois Charly Gaul, « l'Ange de la montagne », domine la Grande Boucle tandis que quelques constitutionnalistes réunis par Michel Debré, garde des Sceaux, rédigent la Constitution de la Ve République. Dernier président du Conseil de la IVe République, le général de Gaulle, « le plus illustre des Français » selon le président Coty, est revenu au pouvoir en mai et se penche sur l'avenir de l'Algérie et sur une monnaie qui s'appellera le « nouveau franc », dont beaucoup de Français auront tant de mal à se défaire ! Gaul qui rime avec de Gaulle, un sacré clin d'œil luxembourgeois à la politique française. Reconnaissant, le Tour choisira Luxembourg pour son grand départ à deux reprises, en 1989 et 2002, année où Laurent Jalabert ratera le maillot jaune du prologue, battu de moins de deux secondes par Lance Armstrong.

« CE N'EST PLUS LE TOUR DE FRANCE ! »

Chaque fois que le Tour de France s'élance d'une capitale étrangère – Bruxelles, le 6 juillet 2019, cinquante ans après la première des cinq victoires du Belge Eddy Merckx – on entend seriner : « Ce n'est plus le Tour de France ! » À croire ce refrain, il y a bien longtemps que le Tour ne serait plus le Tour. La première fois que la course s'est élancée de l'étranger ne date en effet pas d'hier : c'était à Amsterdam en 1954, année de la deuxième victoire de Louison Bobet.

La France est alors embarquée dans une affaire douloureuse : la fin de la colonisation en Indochine. En avril, l'armée française a été piteusement défaite dans la « cuvette » de Diên Biên Phu. Devenu président du Conseil le 18 juin 1954, alors que René Coty est président de la République, Pierre Mendès France s'engage à ce que la paix en Indochine soit signée au plus tard le 20 juillet. Les discussions traînent quelques heures de plus dans la villa de Joli-Port à Genève, au bord du lac Léman. Messieurs Eden, Molotov, Bedell Smith, Chou En-Lai et Pham Van Dong ont encore besoin de temps pour fignoler le texte final. Dans ces cas-là, la tradition diplomatique permet d'arrêter les pendules. Il est donc 4 heures du matin, le mercredi 21 juillet, quand sont signés les accords de Genève. Pierre Mendès France a gagné son pari. Le texte entérine la partition du Vietnam de part et d'autre du dix-septième parallèle. Mais, dès le 1er novembre, en Algérie, un autre front s'ouvre avec ce qu'on appellera longtemps, non une guerre, mais une « opération de maintien de l'ordre ». François Mitterrand, alors ministre de l'Intérieur, déclare le 7 novembre à la radio : « L'Algérie, c'est la France, et la France ne reconnaîtra pas chez elle d'autre autorité que la sienne… »

Le 20 juillet 1954, c'est le Français Gilbert Bauvin qui gagne l'étape Pau-Luchon et prend le maillot jaune, qu'il garde deux jours. Le 22 juillet au soir, Louison Bobet le dépouille de la précieuse tunique, qu'il gardera jusqu'à Paris, le 1er août. À 29 ans, c'est sa deuxième victoire. Il y en aura une troisième en 1955. Ses chevauchées dans la Casse Déserte du col de l'Izoard figurent parmi les plus beaux moments du Tour. Mais il en aura mis du temps, Louison Bobet, pour gagner la Grande Boucle ! Tout en entretenant d'étranges relations avec le maillot jaune. En 1948, alors qu'il s'empare de la première place du classement général, il refuse de l'endosser : « Il est en synthétique, c'est malsain, le corps n'y respire pas, il n'absorbe pas la transpiration, je n'en veux pas », dit-il à Jacques Goddet. C'est la marque Sofil qui fabrique le maillot jaune et en profite pour faire sa pub (son slogan est : « La marque des maillots révolutionnaires »). On donne donc à Bobet un maillot de laine dans lequel il va suer plus encore et dont Gino Bartali le privera une semaine plus tard[1], Bobet ne finissant que quatrième à Paris.

Louison Bobet, sacré aussi champion du monde en cette année 1954, reste l'un des plus grands coureurs cyclistes que la France ait connus, exemple type d'une belle harmonie entre la tête et les jambes. Résultat, un énorme palmarès pour ce champion adoré des Français. Il a presque tout gagné : Tour de Lombardie, Tour des Flandres, Milan-San Remo, Paris-Roubaix, Bordeaux-Paris, Paris-Nice, Grand Prix des Nations. Il ratera une victoire dans le Tour d'Italie pour 19 secondes en 1957. Roland Barthes le comparait à un « héros prométhéen ». Le petit boulanger breton prolongera sa belle vie sportive par une reconversion réussie en ouvrant à Quiberon le tout premier centre de thalassothérapie, avant de mourir d'un cancer en 1983. Révolutionnaire en matière d'entraînement et de diététique, il était aussi rigoureux dans sa préparation que Jacques Anquetil sera dilettante.

Le Tour, après ce départ d'Amsterdam en 1954, est parti vingt-deux fois de l'étranger, pour sa plus grande gloire et celle des villes retenues, de San Sebastián à Cologne, Leeds, Bâle, Charleroi ou Dublin. D'Allemagne, de Belgique, d'Irlande, des Pays-Bas, du Luxembourg, d'Espagne, de Suisse et d'Angleterre, sans oublier Monaco. En 1987, à Berlin-Ouest, il semble enfoncer une brèche dans le mur, qui tombera deux ans plus tard. En 2007, à Londres, c'est un succès

1. Voir *supra*.

populaire sans précédent pour le premier Tour dirigé par Christian Prudhomme. Henri Desgrange, dans une époque où les contours de la France allaient jusqu'à l'autre côté de la Méditerranée, avouait en 1909, dans *L'Auto* : « N'ai-je pas rêvé – sera-ce un rêve ou une réalité – que l'an prochain, le "Tour de France" [*c'est lui qui met les guillemets*] pourrait bien passer de Nice à Tunis pour s'en aller jusqu'à Alger et revenir par Perpignan ? »

Dans l'esprit du fondateur, l'évolution du parcours était sans doute prévisible. Et pourtant ! Que n'entend-on pas lorsque le tracé est dévoilé, chaque année ou presque ! Jusqu'en 1949, le Tour faisait vraiment (ou presque) le Tour de la France, avec les étapes obligées, comme en 1910 : Paris, Roubaix, Metz, Belfort, Lyon, Grenoble, Nice, Nîmes, Perpignan, Luchon, Bayonne, Bordeaux, Nantes, Brest, Caen et Paris. Variante, en 1947 : Paris, Lille, Bruxelles, Luxembourg, Strasbourg, Besançon, Lyon, Grenoble, Briançon, Digne, Nice, Marseille, Montpellier, Carcassonne, Luchon, Pau, Bordeaux, Les Sables-d'Olonne, Vannes, Saint-Brieuc, Caen, Paris. Car le Tour, c'est peut-être d'abord une formidable leçon de géographie et c'est grâce à lui que beaucoup de Français ont pris conscience de la physionomie du pays. Dans *La République du Tour de France*[1], Jean-Luc Bœuf et Yves Léonard pointent du doigt cette incongruité : « Avant la Grande Guerre, les contours de la France ne sont guère familiers à la grande majorité des Français », au point que le fameux

1. *Op. cit.*

Tour de France par deux enfants[1], lu par plusieurs générations de Français, ne comporte aucune carte d'ensemble du pays. Ce à quoi ressemble la France, ce drôle d'« hexagone » au nez breton et aux formes découpées par la mer et les frontières issues de tant de batailles et de traités, on ne le découvrira qu'avec les cartes de Vidal de La Blache… et grâce au Tour ! *L'Auto* publie ainsi des cartes sur son beau papier jaune et, poursuivent les deux auteurs, « à rebours du discours colonial faisant l'apologie de "la plus grande France", le Tour se détourne délibérément des vastes possessions de l'empire français pour ne privilégier que la seule partie européenne et continentale du territoire national ». Il faudra même attendre 2013 pour qu'il aille en Corse ! En 2021, la polémique reprendra puisque le Tour partira du Danemark, après un départ de Nice en 2020.

Depuis les années 1950, les Français sont nostalgiques des parcours de jadis… que la plupart d'entre eux n'ont évidemment pas connus, de ces Tours parfaits qui illustraient, selon Desgrange, « un anneau enserrant complètement la France ». Peu à peu, le dessin a évolué, ne serait-ce que pour ne pas oublier toutes les villes et les régions qui ne sont pas situées le long des frontières ou en bord de mer et qui rêvent de l'accueillir ! Il faut attendre 1951 pour que la Grande Boucle s'arrête à Limoges et Clermont-Ferrand, 1952 pour qu'elle passe par Vichy (où il était urgent d'effacer

1. D'Augustine Fouillée, sous le pseudonyme de G. Bruno, Belin, 1877.

quelques cruels souvenirs), 1955 pour rallier Tours, 1976 pour oser Tulle, 1995 pour se rappeler que Mende existe au cœur de la Lozère (mais quelle arrivée, n'est-ce pas Laurent Jalabert, vainqueur de l'étape du 14 Juillet !) et 1998 pour faire écho aux *Tontons flingueurs* en quittant Montauban[1] pour aller se perdre en Corrèze avec l'affaire Festina et le départ en larmes de l'as de la montagne, l'homme du maillot à pois rouges, chouchou des foules, Richard Virenque[2].

Certaines années, c'est vrai, le visuel du Tour laisse rêveur, car il y a depuis le début des années 1970 des transferts en train, puis en avion : jusqu'à 1 750 kilomètres en 1987, plus de 2000 en 2018, 1 476 en 2019. Traditionnellement, le Tour repartait le lendemain de la ville qui l'avait accueilli la veille. Ce n'est plus la règle, ce pourrait même devenir une exception. En 2019, seules les villes de Saint-Étienne, Albi et Toulouse ont droit à une arrivée et à un départ. Le reste est éclaté en fonction des impératifs de la course… et des demandes des villes, départements ou communautés urbaines. En 2017, la course est découpée en une douzaine de morceaux ; en 2015, il semble, à bien regarder la carte, y avoir deux épreuves, l'une d'Utrecht à Vannes et l'autre de Tarbes à l'Alpe d'Huez. Le Nord et l'Est sont oubliés en 2016, l'Ouest est snobé en 2017 comme en 2012 et 2014. En 2013, une partie du Sud-Ouest, tout le Nord et l'Est sont zappés, mais la course va

1. « On ne devrait jamais quitter Montauban », dit Lino Ventura dans le film de Georges Lautner (1963).

2. Voir *infra*.

enfin en Corse. En 2018, l'Ouest est gâté. En 2019, c'est le contraire avec un Tour qui passe à l'est d'une ligne Pau-Reims, avec tout de même 37 départements visités. Pour les villes et départements choisis (400 candidatures chaque année pour une trentaine de places), c'est la notoriété assurée pour une journée, voire plus.

C'est grâce à la victoire de Luis Ocaña terrassant Eddy Merckx en 1971 que la station d'Orcières-Merlette, dans les Hautes-Alpes, a fait venir les skieurs en nombre. Comme Hautacam ou La Mongie, dans les Pyrénées. Les lacs de Vassivière et de Madine, à un degré moindre, ont aussi su utiliser le prestige du Tour. Comme le Puy-du-Fou dont l'inventeur, Philippe de Villiers, est un vrai mordu du vélo au point d'avoir chez lui une maquette de la montée du puy de Dôme avec le « *mano a mano* » Anquetil et Poulidor[1] !

À Saint-Jean-de-Mont et Saint-Hilaire-de-Riez, en Vendée, le Tour a aussi assuré dans les années 1970 la publicité d'une ville éphémère qui n'existe pas, « Merlin-Plage », avec les honneurs sans doute excessifs d'un grand départ en 1976. Les vainqueurs d'étapes gagnaient une villa du promoteur Guy Merlin mais oubliaient souvent d'en prendre les clés. Quant aux passages du Tour à Disneyland Paris, en 1994 puis 1997 pour le départ de la dernière étape, on ne sait s'ils ont fait plus de publicité à la course ou au parc d'attractions…

C'est aussi en accueillant le Tour de France dès 1986 qu'un autre parc d'attractions se fait connaître, alors

1. Voir *infra*.

qu'il n'est encore qu'un vaste champ de terre battue. C'est le Futuroscope, dont René Monory, alors président du Sénat et président du Conseil du département de la Vienne, fait la promotion permanente. Au grand mécontentement de sa rivale locale, Édith Cresson[1], que cette publicité exaspérait au plus haut point. Le Futuroscope a même l'honneur d'être le théâtre d'un événement inédit : dans la première demi-étape autour du site, en 1990, une échappée de quatre coureurs (Claudio Chiappucci, Frans Maassen, Ronan Pensec et Steve Bauer) arrive avec dix minutes d'avance sur le peloton, sur fond de manifestations d'éleveurs lançant des peaux de mouton sur les voitures des suiveurs. Excellent grimpeur, l'Italien Claudio Chiappucci est finalement battu de justesse (2 minutes et 16 secondes) et *in extremis* par l'Américain Greg LeMond.

Difficile de satisfaire tout le monde au milieu de mille impératifs parfois contradictoires. Il faut des villes candidates (703 villes ont accueilli le Tour depuis 1903), des étapes dans les Alpes et les Pyrénées chaque année, parfois une incursion dans les Vosges et le Massif central, sans oublier de temps en temps le Jura. Il faut du plat pour les sprinters mais pas trop (et une route d'au moins 6,50 mètres de large à l'arrivée pour des raisons de sécurité), des cols pour les grimpeurs, des arrivées au sommet pour le spectacle, de la moyenne montagne pour les puncheurs, un peu de contre-la-montre pour les rouleurs, deux journées de repos et une grosse

1. Élue de la Vienne, ministre puis Premier ministre de François Mitterrand du 15 mai 1991 au 2 avril 1992.

capacité hôtelière alentour pour loger 5 000 personnes. Le tout avec une durée maximale de vingt et une étapes et des dates fixées par l'Union cycliste internationale. Autant dire, pour les organisateurs, un épisode de *Mission impossible* chaque été.

Revenons à ce départ de l'étranger, en juillet 1954. Le romancier Antoine Blondin (524 chroniques de 1954 à 1982) n'est pas présent à Amsterdam. Il n'arrive que pour l'étape Bordeaux-Bayonne, le 18 juillet, entrant à pas feutrés dans une caravane qu'il va faire bruisser et vibrer pendant près de trente ans de ses écrits, de ses bons mots, de ses incartades cyclo-vinicoles. Il croit venir pour une course cycliste, il a rendez-vous avec un coup de foudre. « Prendre le Tour de France en marche, écrit-il le 19 juillet dans *L'Équipe*, à Bayonne, c'est entrer dans une famille avec des gaucheries de fils adoptif, des réticences d'enfant de l'amour tard reconnu. Tout un rituel s'est instauré sans vous, dont on vous livre patiemment les clés. Vous apprenez à mettre des noms sur des visages, et ce sont les suiveurs… Des visages sur des numéros, et ce sont les coureurs. » À peine arrivé, deux jours plus tard, il note curieusement, comme si c'était déjà « mieux avant » à l'époque : « Le peloton d'aujourd'hui, à l'image du Parlement, semblait manquer de ces grands orateurs d'avant-guerre. » Et, comme il doit ne rester pour cette première incursion que quelques jours, il se décrit tout seul regagnant la gare et s'imaginant, tel l'enfant devant un manège, réclamant « encore un Tour ! » Il va revenir en 1955 et tous les ans jusqu'en 1982, affirmant : « Je préfère le maillot jaune à l'habit vert. » Original au milieu de la fête, il fut ce « singe en été » décrit par Jacques Augendre[1], en écho à ce *Singe en hiver* incarné au cinéma par Jean-Paul Belmondo, au côté d'un comédien qui avait commenté à la radio des étapes du Tour avant la Seconde Guerre mondiale : Jean Gabin[2].

1. *Antoine Blondin. Un singe en été*, L'Équipe, 2005.
2. Film d'Henri Verneuil avec également Suzanne Flon et Noël Roquevert (1962).

LE PRÉSIDENT, CET AUTRE DIRECTEUR DU TOUR

La phrase, devenue célèbre, date des années 1960 et est signée Antoine Blondin : « Le général de Gaulle est le président de la France pendant onze mois. Mais en juillet, c'est Jacques Goddet. » Le propos est évidemment excessif. Jacques Goddet, directeur du Tour de 1936 à 1982 (avec Félix Lévitan à partir de 1962), n'a pas plus présidé la France que ses successeurs, Jean-François Carenco, Xavier Louy, Jean-Marie Leblanc et actuellement Christian Prudhomme. Mais les présidents, eux, ont presque tous tenté de faire rejaillir sur leur mandat un peu de la lumière du Tour.

Le 16 juillet 1960, rien n'est prémédité : le général de Gaulle prend place dans les rues de Colombey-les-Deux-Églises, comme beaucoup d'habitants de sa petite commune de Haute-Marne. L'information arrive aux oreilles de Jacques Goddet, qui la transmet au champion de France Henry Anglade, vieux briscard des pelotons et le plus représentatif des coureurs français cette année-là, puisque Jacques Anquetil n'était pas au départ et que Roger Rivière, son grand rival, a fait dans la descente du col du Perjuret une chute dramatique qui le privera à jamais de compétition.

La direction du Tour décide que les coureurs marqueront une minute de « neutralisation » à Colombey. Le Tour ne s'est jamais arrêté pour quelque personnalité que ce soit, et ce fait exceptionnel ne se reproduira jamais. Mais c'est le général de Gaulle. Bien au-delà du président de la toute jeune Vᵉ République, c'est l'homme du 18 Juin, un président en exercice entré dans les livres d'histoire bien avant de s'installer à l'Élysée. Tout le monde s'arrête. Certains se découvrent. Des coureurs étrangers ne comprennent pas très bien ce qui se passe, certains croient même un instant que le président français est mort. « Le Tour salue affectueusement le général de Gaulle ! » lance Jacques Goddet dans son porte-voix. « Monsieur le directeur, il ne fallait pas », répond le général, selon le récit de Pierre Chany, qui y était[1]. De Gaulle s'approche d'Henry Anglade ceint de son beau maillot bleu-blanc-rouge : « Monsieur Anglade, je vous reconnais et je vous félicite » ; puis du maillot jaune : « Monsieur Nencini, je connais vos exploits par la télévision. Bravo ! Maintenant vous avez gagné, Paris n'est pas loin ! » Gastone Nencini, d'émotion, a lui aussi retiré sa casquette. « Bonne route, messieurs ! » salue le général, alors qu'un petit malin, retardé à l'arrière de la course par un incident mécanique, n'a pas marqué l'arrêt à Colombey : c'est Pierre Beuffeuil, un autre Français. Il va gagner l'étape !

---

1. *La Fabuleuse Histoire du Tour de France*, *op. cit.*

Le général de Gaulle a-t-il vraiment été surpris par l'arrêt du peloton ? C'est ce que dit la légende. Pourtant, à observer de plus près les photos, il est permis de se poser la question. Sur une première série, le général, accompagné de son épouse Yvonne, est vêtu d'un imperméable. Sur les clichés où on le voit saluer ensuite les coureurs, il est en complet-veston. A-t-il retiré l'imper, le confiant à « tante Yvonne », pour être plus à son avantage sur la photo ? Qu'importe, il vient d'offrir au Tour une consécration – on n'ose dire une bénédiction, mais c'est tout comme – que rechercheront pour eux-mêmes presque tous ses successeurs.

Certes, pas Georges Pompidou, mort trop tôt après moins de cinq ans de mandat, et sans doute trop malade pour venir suivre une étape. Valéry Giscard d'Estaing, lui, a suivi à moto une étape dans le Puy-de-Dôme, mais c'était en 1986, après son septennat. Il sera le seul à rire de la blague qu'il fait au cours de l'émission de télévision qui suit l'étape : « Vous savez pourquoi Greg LeMond va gagner ? interroge l'ancien président. Parce qu'il est américain, que *lemon* ça veut dire “citron” et que le citron est pressé… »

Pendant son unique septennat, Giscard a néanmoins marqué le Tour d'un de ces faits du Prince dont les présidents français sont de grands spécialistes[1]. Avant le Tour 1975, alors que l'arrivée se déroule à la Cipale, dans le bois de Vincennes, depuis la destruction de l'ancien Parc des Princes en 1967, l'idée de faire arriver le Tour sur les Champs-Élysées a traversé plusieurs

1. *Le Fait du Prince*, Béatrice Houchard, Calmann-Lévy, 2017.

esprits. Jadis, lorsque le Tour partait de Paris, la descente des Champs faisait partie du cérémonial, mais jamais la course ne s'y est déroulée. Sondée sur le sujet, la préfecture de police avait toujours jugé que les conditions de sécurité ne seraient pas réunies. Mais un journaliste, Yves Mourousi, longtemps présentateur du Journal de 13 heures sur TF1, va toquer à la porte du président de la République.

Giscard, jugeant l'idée excellente, dit banco. Ce que le Prince veut... Ainsi, depuis 1975, le Tour se termine-t-il sur « la plus belle avenue du monde ». Avec des formules qui ont évolué selon les années : soit avec une étape de plat se déroulant entièrement sur l'avenue et très disputée (Bernard Hinault y triomphera deux fois) ; soit avec deux demi-étapes, dont l'une contre la montre ; soit, une seule fois, par une arrivée contre la montre qui donna lieu en 1989 au psychodrame LeMond-Fignon[1] ; soit, comme actuellement, après un long défilé où coureurs et suiveurs prennent d'abord le temps de déguster une coupe de champagne. Puis, une fois dans Paris, la course démarre enfin et les sprinters rivalisent de vitesse et d'habileté pour une victoire de prestige au terme de sept tours de circuit. Tous les coureurs le disent : apercevoir la tour Eiffel, quelle que soit sa place au classement général, quel qu'ait été son Tour, c'est déjà une victoire. Tous parlent même du frisson qui fait se dresser les poils de leurs bras, lorsqu'ils remontent l'avenue pour la première fois pendant le survol, depuis quelques années, de la patrouille de

1. Voir *infra*.

France. En 1924, l'acteur Biscot encourageait déjà ainsi les coureurs en souffrance : « Eh ! Après-demain à la même heure vous verrez la tour Eiffel[1] ! »

Valéry Giscard d'Estaing, qui ne faisait jamais rien comme tout le monde, ajoute en 1975 sa petite touche d'originalité. D'abord, c'est lui qui vient remettre le maillot jaune au vainqueur. Un geste demeuré inédit. Il faut dire que jusqu'en 1977, il n'y a pas de maire à Paris. Le président offre donc à Bernard Thévenet – coup de chance, c'est un Français qui gagne – le maillot jaune du vainqueur final. Mais il est président de la République et ne saurait donner l'impression de se prêter à une opération publicitaire. Il exige donc qu'aucune marque ne figure sur ledit maillot. Casse-tête pour les organisateurs, car les sponsors ont besoin d'un peu de visibilité. La solution est trouvée : le maillot jaune que remettra Valéry Giscard d'Estaing à Bernard Thévenet ne portera aucune marque, mais sera légèrement transparent. Ainsi pourra-t-on lire aisément sous le jaune, les photos l'attestent, le nom des sponsors du champion : Peugeot et Michelin. Bernard Thévenet, qui fut le soir même reçu à l'Élysée, en rit encore. Le président de la République avait aussi demandé que retentisse « Le Chant du départ », son hymne préféré (« La victoire en chantant… »). Mais tandis qu'il passe entre Thévenet et Merckx, on entend sur l'avenue des manifestants scander : « Non, non, non aux licenciements »…

Sacré Giscard, qui avait juste avant le Tour de France adressé aux Français un message très…

1. *Les Forçats de la route*, Albert Londres, *op. cit.*

giscardien : « Je voudrais que, pendant ces vacances, vous soyez sans inquiétude. L'inquiétude est un sentiment qui ronge, c'est un sentiment qui gâche. Or, il n'y a pas lieu d'éprouver d'inquiétude en France. À l'heure actuelle, la France est un pays solide qui vient de loin et qui restera solide. Ce que je souhaite pour elle, c'est le calme, c'est le fait qu'elle soit heureuse d'être elle-même et c'est le fait de résoudre ses problèmes dans la réflexion, dans l'imagination et dans la solidarité[1]... » La postérité est sévère avec lui, qui a pourtant, à partir de 1974, fait souffler un vrai vent de réformes sur la France, et pas seulement avec la légalisation de l'avortement dont ne voulait pas son propre électorat.

La remise du maillot jaune tourne parfois au casse-tête diplomatique. En 1977, raconte l'ancien directeur du Tour Xavier Louy dans *Sauvons le Tour !*[2], le maire de Paris tout nouvellement élu, Jacques Chirac, ne peut être présent sur les Champs-Élysées. Il envoie à sa place l'un de ses adjoints, Maurice Couve de Murville, ancien Premier ministre. Le jeune ministre des Sports, Jean-Pierre Soisson, est là aussi. Or, c'est la guerre entre chiraquiens et giscardiens, et les deux hommes se regardent en chiens de faïence, chacun revendiquant le privilège de remettre le précieux maillot. Fin politique ayant anticipé l'éventuel incident, Xavier Louy a donc l'idée de faire remettre, au nom de la présidence de la République, un vase de Sèvres au vainqueur. La

1. Allocution télévisée, 30 juin 1975.
2. Éd. Prolongations, 2007.

tradition a perduré, Xavier Louy affirmant que c'est « le vase de Soisson[1] »…

Le tombeur et successeur de Valéry Giscard d'Estaing, François Mitterrand, aimait surtout le cyclisme sur piste, comme il le confie dans l'un de ses livres, *L'Abeille et l'Architecte*, à la date du 23 mars 1975 : « Montant d'Angoulême à Paris, en 1934, pour entrer à l'université, j'avais deux idées-forces en tête. L'une était d'aller au Vél' d'Hiv', temple des courses cyclistes sur piste, et d'y assister aux Six Jours, où des équipes de deux coureurs que les journalistes sportifs appellent "les écureuils" se disputaient chasses, primes, victoire et gloire en tournant six jours et six nuits ininterrompus sur "l'anneau de Grenelle", devant un public fanatique, ultra-mondain au parterre, populaire aux gradins, qu'une même ferveur enfiévrait et dont les clameurs résonnent encore à mon oreille. Les noms accolés de Broccardo-Guimbretière, Wambst-Lacquehay, Wals-Pijnenburg, réveillaient les prestiges jumeaux d'Hector et Achille, d'Oreste et Pylade. Pauvre Vél' d'Hiv' que devaient souiller d'autres nuits, d'autres jours lors de la chasse aux juifs, neuf ans plus tard. Sa destruction après-guerre, pour laisser place aux hideux immeubles que l'on peut y voir aujourd'hui, a tout de même peiné les habitués d'antan[2]. »

L'autre « idée-force » du futur président était de rencontrer des écrivains. Mais on ne peut relire sans un certain effroi les deux phrases sur le Vél' d'Hiv', connaissant le lien d'amitié entre François Mitterrand et

1. *Ibid.*
2. *L'Abeille et l'Architecte*, Flammarion, 1978.

René Bousquet, secrétaire général de la police de Vichy et l'un des organisateurs de la rafle de 1942. Interrogé par Jean-Pierre Elkabbach le 12 septembre 1994[1], François Mitterrand répondra que René Bousquet avait été acquitté en 1949, précisant que, dans les années 1980, « les bruits [lui] sont revenus aux oreilles selon lesquels le rôle de René Bousquet dans l'affaire du Vél' d'Hiv' était quand même beaucoup plus lourd que l'on ne supposait, et qu'il ne lui aurait peut-être pas valu l'acquittement de 1949. Dans le cadre de [ses] fonctions et de [ses] responsabilités, [ils ne se sont] plus jamais vus ».

Le 10 juillet 1985, alors que sa cote de popularité n'est pas au mieux (la gauche va perdre les élections législatives de mars 1986), François Mitterrand débarque en hélicoptère au sommet de la côte de Montaud, dans l'Isère, pendant la douzième étape du Tour. Il vient de participer à une cérémonie commémorative en hommage aux résistants du Vercors. Sur les images de l'INA, on le voit prendre des photos et, l'air un peu contraint, applaudir les coureurs qui passent. Les futurs ministres Michel Vauzelle et Jean Glavany sont sur les images. Interrogé par Gérard Holtz au micro d'Antenne 2[2], le président de la République parle d'André Leducq et des frères Pélissier, qu'il avait vus courir sur la route du Tour lors de vacances dans le nord de la France. Il se voit aussi prié de donner un conseil à Bernard Hinault, dont ce sera cette année-là la dernière victoire. Réponse présidentielle : « Agir selon son instinct, comme il se sent. C'est à lui de décider et

1. Archives de l'INA.
2. Le nom de France 2 à l'époque.

personne à sa place. » Décidément, même quand il s'agit de vélo, les présidents ne parlent que d'eux-mêmes !

Jacques Chirac, qui a presque toujours remis le maillot jaune au vainqueur quand il était maire de Paris entre 1977 et 1994, n'a pas eu de chance comme président en 1998. Pourtant, l'heure est à l'euphorie cet été-là : les footballeurs français viennent de remporter la Coupe du Monde au Stade de France, c'est le triomphe supposé de la « France black-blanc-beur » et le président a reçu tout ce beau monde à l'Élysée le 14 juillet. Quatre jours plus tard, c'est Bernadette Chirac qui doit avoir la vedette. Voilà plusieurs années que l'épouse du président, également conseillère générale du canton de Sarran, en Corrèze, réclame « son » étape. Elle a fait les repérages des routes elle-même et le choix du Tour s'est finalement porté sur une étape contre la montre de 58 kilomètres entre Meyrignac-l'Église et Corrèze. Pour la promotion d'un petit coin de France, le contre-la-montre est ce qu'on fait de mieux et Meyrignac-l'Église (62 habitants) reste la plus petite commune à avoir jamais accueilli le Tour, avec le Mont-Saint-Michel.

Pourtant, en 1998, on va parler d'autre chose que de la victoire d'étape de Jan Ullrich, qui offrira au passage un maillot jaune dédicacé à Jacques Chirac. On s'intéresse surtout au dopage. C'est même au château de Bity, la demeure des Chirac, que le directeur du Tour, Jean-Marie Leblanc, annonce en avant-première que Richard Virenque et l'équipe Festina seront exclus du Tour le lendemain[1]. Pas question pour le président

1. Voir *infra*.

d'intervenir auprès de qui que ce soit : il est en pleine cohabitation avec le gouvernement de Lionel Jospin et la ministre des Sports, Marie-George Buffet, a fait de la lutte contre le dopage une de ses priorités, non sans succès. L'ambiance est morose autour de Bernadette et Jacques Chirac (qui avait commencé sa journée de président par une rencontre avec le président syrien Hafez al-Assad), qui reçoivent pour dîner. On remarque parmi les convives, raconteront Laure Bretton et Pierre Carrey dans *Libération*[1], l'ancien directeur du Tour, Jacques Goddet, 93 ans, qui a apporté au président une bouteille d'Armagnac cru 1932, son année de naissance. Dommage que Jacques Chirac n'aime que la bière.

Le lendemain, 18 juillet, le couple présidentiel suit l'étape en voiture avec Jean-Marie Leblanc. Le député de la circonscription, un certain François Hollande, prend place dans un autre véhicule. Jacques Chirac ne s'éternise pas à l'arrivée, condamnant d'une phrase l'usage du dopage et déclarant : « Je suis reconnaissant au Tour d'avoir pris en compte le désir de ma femme au cœur de ce pays. » Onze ans plus tôt, le 11 juillet 1987, à l'arrivée de l'étape Poitiers-Chaumeil, également en Corrèze, il avait noté sur le livre d'or : « Génial ! (dirait ma fille) » et orthographié Jacques Goddet avec un seul *d*. Alors Premier ministre et maire de Paris, Jacques Chirac avait cette année-là donné le départ du Tour à Berlin en compagnie de son homologue berlinois, Eberhard Diepgen.

1. *Libération*, 4 juillet 2018.

Jacques Chirac, soulagé que la journée s'achève, rentre au château de Bity et s'installe sur la terrasse à l'heure de l'apéritif. C'est alors qu'il apprend que le corps d'Éric Tabarly, disparu en mer le 13 juin, vient d'être retrouvé au sud des côtes irlandaises.

Ce 17 juillet 1998, la publicité pour la Corrèze a quand même pris une balle perdue. Le Tour reviendra dans une atmosphère plus sereine en 2001 et Bernadette Chirac, revêtue d'une veste façon treillis, affirmera qu'elle est « plutôt une guerrière », car « quand on a épousé un guerrier, il vaut mieux se battre ». Jacques Chirac, lui, sera retenu ce jour-là par le Conseil des ministres, face au Premier ministre Lionel Jospin.

Avec Nicolas Sarkozy, c'est une tout autre histoire : pour le président élu en 2007, capable de réciter par cœur le palmarès de l'épreuve, suivre le Tour représente un rêve d'enfant. À la fin des années 1960, il jouait les chasseurs d'autographes pendant les vacances en juillet. Contrairement à ses deux prédécesseurs, il n'a pas besoin d'éléments de langage pour donner son avis sur la course. Il devient un habitué de la voiture officielle dès 1986 et est le premier président de la République à s'y installer, à l'arrière, côté droit, le 17 juillet 2007. Il vient d'être élu et son arrivée en hélicoptère en bas du col du Galibier provoque une petite émeute. « Le Super Puma se pose aux Verneys, là où commence le col, écrit Christian Prudhomme[1], devenu cette année-là directeur du Tour : sans doute était-il trop près de la route. Victime des remous, une moto placée sur

1. *Le Tour de France. Coulisses et secrets*, *op. cit.*

la béquille tombe, des tentes de camping-cars s'envolent… Le public se précipite vers l'hélicoptère dès qu'il aperçoit le président Sarkozy, et la discrétion est levée. “Sarko”, c'est la star, et même la rock star. Ravi, il serre les mains, signe des autographes… » avant d'aller assister à la victoire de Mauricio Soler et de saluer le maillot jaune, Michael Rasmussen… qui sera exclu neuf jours plus tard. Le dopage, toujours.

En 2009, Nicolas Sarkozy revient pour l'étape du Grand-Bornand, gagnée par Fränk Schleck devant Alberto Contador. Pendant l'étape, raconte Christian Prudhomme[1], le directeur du Tour d'Italie, Angelo Zomegnan, a téléphoné pour transmettre une invitation au président français : il faut qu'il vienne sur le Giro avec son épouse Carla, qui est d'origine italienne ! Nicolas Sarkozy téléphone immédiatement à son épouse pour lui transmettre l'invitation. En 2010, il est encore là, cette fois dans le Tourmalet, pronostiquant une attaque de Contador. Le pronostic laisse sceptiques les autres occupants de la voiture. Contador attaque, Sarkozy triomphe (« Je te l'avais dit, je te l'avais dit ! » martèle-t-il) même si, à l'arrivée, c'est Andy Schleck qui gagne…

En octobre 2009, il reçoit aussi Lance Armstrong à déjeuner à l'Élysée, alors que le champion américain, non content d'avoir gagné sept Tours, est revenu en juillet malgré les doutes qui pèsent sur lui, mais avec la bénédiction des organisateurs. Six mois plus tard, Armstrong (déjà proche du président américain George Bush) offre un vélo de course à Nicolas Sarkozy. Les

1. *Ibid.*

deux hommes n'ont-ils parlé que de courses cyclistes ? Pierre Bordry, ancien président de l'Agence française de lutte contre le dopage, accusera Armstrong d'être allé chercher un soutien pour que Sarkozy l'évince de cette instance.

Lance Armstrong sera plus tard déchu de tous ses titres[1] et Nicolas Sarkozy ne parlera plus de lui mais restera fidèle au Tour. En 2017, ancien président, il assiste à la terrible chute de l'un des favoris, Richie Porte, dans la descente du mont du Chat. Dans les jours qui suivent, il téléphone à plusieurs reprises à Christian Prudhomme pour prendre des nouvelles du coureur. En 2018, il suivra l'étape des Glières, un haut lieu de la Résistance où, président, il faisait son propre pèlerinage.

Christian Prudhomme raconte aussi l'étrange scène à laquelle il assiste en 2011 : pas encore président ni même vainqueur de la primaire du Parti socialiste, François Hollande suit l'étape tout en écrivant puis dictant pour le *Journal du dimanche* les grandes lignes de son programme économique. « Je crains qu'il ne soit malade, mais il n'en est rien », écrit Prudhomme avant que le futur président n'admire d'un œil volontairement envieux le maillot jaune du Français Thomas Voeckler[2]. En 2012, devenu président, François Hollande vient, comme les autres, parler de lui-même en saluant les coureurs : « La politique, c'est aussi une course par étapes. Moi, je suis au tout début. Il va y avoir des montagnes à gravir. » Il est de nouveau sur la route du Tour

1. Voir *infra*.
2. *Ibid.*

en 2013 dans les Hautes-Pyrénées et en 2015 en Lozère. En 2014, dans le cadre du centenaire de la Première Guerre mondiale, il monte dans la voiture sur la route de Reims après avoir rendu hommage aux Poilus du Chemin des Dames. Un jour, l'ancien président socialiste a aussi confié à Christian Prudhomme que, gamin, il ne rêvait pas d'être président de la République. Il se disait : « Quand je serai grand, je serai coureur. »

Emmanuel Macron a-t-il, lui aussi, rêvé du maillot jaune ? En 2017, tout juste élu président de la République, il vient suivre la dix-septième étape entre La Mure et Serre Chevalier, via le col du Galibier, saluant à l'arrivée Romain Bardet, qu'il avait déjà reçu à déjeuner au ministère de l'Économie en mai 2016 avec le directeur du Tour de France et quelques représentants de la jeune génération de coureurs français, Nacer Bouhanni, Warren Barguil, Arnaud Démare et Alexis Vuillermoz. Il les avait beaucoup interrogés sur la reconversion des sportifs de haut niveau. En 2018, le chef de l'État est de nouveau attendu pour suivre l'étape entre Bagnères-de-Luchon et Saint-Lary-Soulan, le 25 juillet dans les Pyrénées, mais il fait faux bond aux organisateurs et se contente de venir dîner dans les Pyrénées avec ses hôtes. Officiellement, le suivi de l'étape est annulé parce que le Premier ministre Édouard Philippe a fait le déplacement une semaine plus tôt dans les Alpes. Il y a peut-être une autre raison : l'affaire Benalla vient d'éclater, et les premiers ennuis du quinquennat avec elle.

Un mois plus tard, en visite au Danemark, Emmanuel Macron annonce que le Tour de France « partira du

Danemark dans les prochaines années », ce qui sera confirmé pour 2021. Christian Prudhomme faisait partie de la délégation française à Copenhague. Mais quand le président est là, il a visiblement le droit de cumuler ses fonctions avec la direction du Tour.

« QUAND LA LÉGENDE DÉPASSE LA RÉALITÉ, IMPRIMEZ LA LÉGENDE ! »

« On était cuits tous les deux ! » D'une phrase, Raymond Poulidor tue la légende. Quoi ? Dans la fameuse étape du puy de Dôme en 1964, quand il a fait vaciller Jacques Anquetil au terme d'une montée comme on n'en avait jamais vu, comme on n'en a plus vu depuis, nous n'aurions pas assisté à un duel entre deux champions au sommet de leur art ? En regardant les images en noir et blanc, un peu floues, incomplètes, on croit que Poulidor hésite, parce qu'il a souvent sombré face à la supériorité mentale d'Anquetil. « L'ascendant psychologique d'Anquetil sur Poulidor est un mystère que l'on ne peut que constater. Poulidor admire Anquetil [...] et cette admiration lui est fatale », note Paul Fournel dans son magnifique *Anquetil tout seul*[1]. On pense aussi qu'Anquetil, dont la pâleur est cadavérique, joue un gros coup de bluff. Mais non, répète Raymond Poulidor aujourd'hui et, après tout, il le sait mieux que nous : « On était cuits tous les deux ! » D'ailleurs, c'est Julio Jiménez qui gagne l'étape

1. *Op. cit.*

en haut du puy de Dôme, devant Federico Bahamontes, mais tout le monde les a oubliés. Tout comme l'Italien Vittorio Adorni, venu s'intercaler entre les deux coureurs français. Au coude à coude, nos deux champions, mais à bout de forces.

« Quand la légende dépasse la réalité, imprimez la légende ! » dit-on dans *L'homme qui tua Liberty Valance*[1]. Va pour la légende.

On est le 12 juillet 1964. Un dimanche, mais pas un dimanche d'arrivée, car le Tour ne regagnera Paris que le 14 juillet (comme chaque année entre 1963 et 1966). Le général de Gaulle est en pleine gloire. Il vient même de se payer le luxe de reconnaître la République populaire de Chine. Son Premier ministre, Georges Pompidou, l'ancien normalien féru de poésie et futur président lui-même, met le paquet sur l'industrialisation de la France. Tous les clignotants, cette année-là, sont au vert : 6 % d'augmentation pour la consommation des ménages, 3 % pour les salaires, 4 % pour le pouvoir d'achat, 6,5 % de croissance annuelle, de quoi faire rêver nos dirigeants actuels ! Quant au chômage, il diminue, passant de 140 000 à 92 000 demandeurs d'emploi. Ainsi va la France dans ces Trente Glorieuses bénies. Le budget de l'État est présenté en équilibre par l'artiste des lois de finances qu'est le futur président Valéry Giscard d'Estaing. Souvenirs, souvenirs…

Pour les 49 millions de Français, avec une natalité au beau fixe (2,87 enfants par femme), l'espérance de vie est de 70 ans et 6 mois. Elle n'était que de 65 ans en

1. Film de John Ford avec James Stewart et John Wayne (1962).

1950 et personne n'imagine qu'elle atteindra et dépassera même un jour les 80 ans ! Tout n'est pas rose pour autant : la durée du travail, malgré le mythe des 40 heures du Front populaire, oscille de 44 à 46 heures. Et les femmes, qui votent depuis moins de vingt ans, vont encore attendre deux ans pour travailler sans avoir à demander l'autorisation de leur mari, et trois ans pour pouvoir prendre la pilule ! Tout va bien, en apparence, mais un puissant courant se forme au plus profond de la société et va bientôt la chambouler. On l'appellera « contestation », il aura de grands airs de liberté et éclatera en mai 1968. François Mitterrand, en guise de déclaration de guerre à de Gaulle, vient de publier *Le Coup d'État permanent.*

C'est aussi la période où l'équipement des ménages progresse d'année en année, même si à peine plus d'un foyer sur deux possède une voiture et tout juste plus d'un logement sur deux dispose d'une salle de bains. Selon les statistiques de l'INSEE, le pourcentage de ménages ayant un réfrigérateur passe de 30,5 % à 59,3 % entre 1961 et 1966 ; une machine à laver le linge, de 27 à 41 % ; un aspirateur, de 32 à 45 % ; un poste de télévision, de 19,8 % à 47 %. La révolution télévisuelle balbutie dans une France qui ne compte encore qu'une seule chaîne, que le pouvoir surveille comme le lait sur le feu. C'est le « ministre de l'Information » qui vient lui-même annoncer que le journal télévisé change de décor ! Quand un événement important se produit, on sort de chez soi pour acheter la dernière livraison de *France-Soir* (sept éditions quotidiennes, flirtant encore, mais plus pour longtemps, avec le million d'exemplaires)[1]. Ou bien on cherche une boutique ou un café ayant un poste de télévision allumé. Encore quelques années et ce sera le contraire : on rentrera au plus vite chez soi pour avoir les dernières nouvelles à la radio ou la télévision, puis sur Internet. L'actualité qui remplit alors les rues va bientôt les vider.

Le sport vedette de la France, en 1964, n'est pas encore le football. Les sportifs français se distinguent dans d'autres disciplines : la nageuse Christine (« Kiki ») Caron bat le record du monde du 100 mètres dos. Aux Jeux olympiques d'hiver d'Innsbruck, les skieurs François Bonlieu, Marielle et Christine Goitschel rapportent chacun une médaille d'or à la France. Les Jeux d'été à Tokyo, en octobre, seront moins glorieux, avec 15 médailles dont une seule en or, acquise le dernier jour[2]. Heureusement, il y a le vélo, et deux champions français d'exception : Jacques Anquetil, parce qu'il gagne même s'il exaspère beaucoup de monde par sa froideur ; et Raymond Poulidor, qui gagne beaucoup moins souvent mais que le public aime passionnément. Ce qui énerve au plus haut point Anquetil. En première partie de saison, le beau Jacques, posé comme un oiseau sur son vélo, a gagné le Tour d'Italie et Poulidor le Tour d'Espagne, qui se court alors au printemps. Ils vont se disputer la belle sur le troisième grand Tour. Pendant près d'un mois et surtout ce 12 juillet, leur rivalité va atteindre son apogée.

---

1. Son tirage record : 2 264 000 exemplaires vendus le 9 novembre 1970 pour la mort du général de Gaulle.

2. Pierre Jonquères d'Oriola en équitation.

Cette rivalité est inimaginable aujourd'hui pour les moins de 50 ans, peut-être même 60 ans. La France est coupée en deux et, pour une fois, ce n'est pas entre la gauche et la droite. Anquetilistes contre poulidoristes, ce n'est pas l'affaire Dreyfus, mais il y a tout de même de quoi gâcher bien des déjeuners de famille, car la conversation vient invariablement sur les deux champions. Même si on ne s'intéresse pas au cyclisme, on est sommé de choisir son camp. Et l'intolérance est largement partagée des deux côtés. Les anquetilistes, goguenards, un rien supérieurs, abonnés à la victoire, se moquent des poulidoristes qui admirent ce benêt de Poupou, « l'éternel second », le perdant qu'ils ne trouvent même pas magnifique. Les poulidoristes regardent, énamourés, ce coureur qui évoque le terroir et la France éternelle mais aussi le courage, la gentillesse et le bonheur de vivre. Ils s'identifient à lui, à sa malchance. Car Poulidor tombe et crève plus souvent qu'à son tour, alors qu'on cherche en vain dans les archives une photo d'Anquetil à terre. Les poulidoristes pardonnent tout à Raymond Poulidor. Même quand il perd. Surtout quand il perd. C'est pour ça qu'ils l'aiment. Ils en oublient même qu'il inscrit aussi de très grandes courses à son palmarès.

Cette rivalité trouve son ressort bien au-delà du cyclisme. Ce sont deux France qui s'affrontent. On dirait aujourd'hui, en caricaturant, que c'est celle des élites contre celle des oubliés, même si les deux hommes viennent de la campagne. Mais la Normandie et le Limousin, ce n'est pas tout à fait la même histoire. Dans

Chronique des années soixante[1], l'historien Michel Winock livre son analyse : « Derrière ces deux stéréotypes, le public sent confusément que deux univers s'opposent, comme la modernité et l'archaïsme. L'un et l'autre coureur sont issus d'un milieu rural, mais ils n'évoluent pas dans la même civilisation agraire. Anquetil est représentatif d'une agriculture moderne. Il achète 200 hectares qu'il va administrer en chef d'entreprise. Poulidor compare lui-même les vaches grasses de Normandie aux vaches maigres de sa Creuse natale. [...] Poulidor est la figure du "paysan résigné", qui ne se fait pas d'illusion, parce qu'il rencontre chaque jour l'adversité du sol, du climat, de la pauvreté séculaire. La malchance, il est armé contre elle : il connaît les gelées tardives qui ont raison des blés prometteurs. Anquetil est le symbole d'une économie de marché, spéculative, entreprenante. Il boit du whisky, il se déplace en avion. Dans le Tour comme dans la vie, c'est un patron. » Dans *Anquetil tout seul*, Paul Fournel livre la clé : « On ne pouvait pas aimer Poulidor et Anquetil. C'était impossible[2]. »

Ce 12 juillet 1964, au départ de l'étape Brive-Clermont-Ferrand, Raymond Poulidor ne compte que 56 secondes de retard sur Jacques Anquetil, qui a déjà remporté quatre Tours de France quand lui court après un premier maillot jaune. Pour le champion limousin, qui est quasiment sur ses terres ce jour-là, c'est aujourd'hui ou jamais. Car le 14 juillet, dans la rituelle étape contre la montre entre Versailles et Paris, il sait

1. Points Histoire, 1990.
2. *Op. cit.*

qu'Anquetil le dominera. Or, au sommet du puy de Dôme qui couronne l'étape, il y a une minute de bonification à prendre. Une bonification qui peut faire basculer la course. Avant le départ du Tour, « Poupou » a juré à son directeur sportif, Antonin Magne, qu'il a reconnu la montée afin de faire le meilleur choix de matériel et de braquet le jour J. Ce n'était pas vrai, et il a choisi le mauvais braquet. À quoi tient la légende…

À un kilomètre du sommet, le suspense est à son comble. De mémoire de suiveur, et de ceux qui ont tout lu dans les journaux ou dans les livres, c'est l'un des plus beaux moments de toute l'histoire du Tour de France, l'un des plus incertains, avec un air de tragédie qui contraste avec le bruit et la fureur de la caravane publicitaire. Plus personne ne pense aux deux Espagnols qui font la course en tête.

Sur le bord de la route, la foule est en folie. Devant les petits écrans, les téléspectateurs ont le souffle coupé. Le commentateur, Robert Chapatte, a intérêt à faire attention à ce qu'il dit : les anquetilistes l'accusent d'être pour Poulidor et les poulidoristes de soutenir Anquetil et ne manquent jamais de lui adresser des lettres courroucées pour le lui faire savoir. Les deux ennemis sont côte à côte : Anquetil les fesses presque toujours collées à la selle ; Poulidor plus souvent en danseuse avec sa casquette comme toujours légèrement de guingois. Anquetil, dossard 1, côté montagne, Poulidor, dossard 19, côté ravin. Tout à coup, le photographe Roger Krieger appuie sur l'objectif. Il tient dans son appareil LA photo, celle qui arrivera trop tard dans les rédactions pour être dans les journaux du lendemain : l'épaule droite de Raymond Poulidor a touché l'épaule gauche de Jacques Anquetil.

Confidence prosaïque, plus tard, de Poulidor à Jean-Luc Gatellier, dans *L'Équipe*[1] : « C'était la guerre entre les photographes. Chacun voulait être le mieux placé quand l'un de nous deux lâcherait prise. Ils étaient tellement près que le pot d'échappement d'une moto m'a brûlé un mollet », raconte-t-il en se remémorant la scène plus d'un demi-siècle plus tard. « C'est pour cette raison que je me décale et que je touche Jacques. On le voit bien : c'est moi qui vais vers lui, je rentre un peu ma jambe. On aurait pu tomber tous les deux. » Il ajoute : « Je n'ai pas été bon, il n'a pas été bon non plus. Je vais te dire : on avait été mauvais tous les deux ! Plus tard, Jacques m'a raconté : "J'ai vu que tu n'étais pas bien, j'ai voulu attaquer avant le Péage (au pied du puy de Dôme, à 4,8 kilomètres de l'arrivée). Heureusement que je ne l'ai pas fait, sinon je ne serais pas arrivé en haut." On a souvent répété qu'il m'a bluffé, mais il ne m'a pas bluffé. J'étais à fond, lui a craqué, et c'est tout ! Je n'ai pas attaqué, j'ai juste levé le cul de la selle. Je ne m'aperçois même pas que je le lâche. Je le répète : on était tous les deux dans le brouillard, dans un état second. »

Jacques Anquetil n'a pas dit autre chose, une fois descendu de vélo : « Nous n'étions bien ni l'un ni l'autre. Éprouvés par une course dure, physiquement et nerveusement, nous avons abordé le puy de Dôme en état de moindre résistance. Ce n'était pas du meilleur

1. Le 13 juillet 2018.

Poulidor et j'étais dans le rouge. J'ai enduré un calvaire, je me suis surpassé pour ne pas sombrer. Si Raymond m'avait piqué le maillot jaune, j'aurais abandonné[1]. »

Poulidor lâche Anquetil à 900 mètres de la ligne d'arrivée, enfin, mais presque sans le vouloir et trop tard pour le mettre hors-jeu ! On voit même sur les photos la moto numéro 120, celle de *Paris Match*, qui manque de le faire tomber tandis qu'un spectateur trop zélé pousse Anquetil au risque aussi de le flanquer par terre[2]. Christian Laborde semble en être encore tout essoufflé quand il le raconte dans *Duel sur un volcan* : « Raymond en danseuse. À fond jusqu'à la ligne ! À chaque coup de pédale s'emparer d'un fil jaune du maillot de Jacques ! […] La foule s'ouvre devant Raymond, une terre. Le soc est un foc. Tenir jusqu'à la ligne, ne pas céder. […] Combien de secondes peux-tu prendre à Jacques dans ce dernier kilomètre ? Une trentaine ? C'est l'estimation qu'affichait l'écran de son IBM, avant la défaillance, avant le naufrage. Jacques n'avance plus, tu vas reprendre, une à une, les 56 secondes qui te séparent du maillot. Les gentianes te donnent déjà du jaune[3]. » En haut du puy, écrit-il, « le sommet du volcan se lève comme un stade ». Mais les gentianes sont fanées. Poulidor a repris du temps. Assez pour écrire la légende. Pas assez pour revêtir le maillot jaune. Anquetil garde une avance de 14 secondes et lâche :

1. Cité par Jacques Augendre, Jean Cormier et Symbad de Lassus dans *Antoine Blondin. La légende du Tour*, Éd. du Rocher, 2015.

2. Dans *Cols mythiques du Tour de France, L'Équipe*, Calmann-Lévy, 2005.

3. Albin Michel, 1998.

« C'est 13 de trop… » Jacques Anquetil tout entier dans une seule phrase.

En réalité, ce n'est pas sur le puy de Dôme que Poulidor a perdu le Tour 1964. Il l'a laissé filer sur la route de Toulouse, à cause de son mécanicien qui l'a fait tomber après avoir changé sa roue. À cause aussi des voitures suiveuses qui, au lieu de s'intercaler entre lui et le peloton, sont restées calées derrière lui. Par hasard ou sur ordre ? Jacques Augendre, cité par José-Alain Fralon dans *Les Secrets du Tour de France*[1], a sa petite idée, d'autant que Jacques Goddet a ensuite exprimé des regrets : « On ne peut nier que le directeur de la course précipita la défaite de Poupou, c'est-à-dire du champion qu'il tenait pour un modèle de loyauté. Lamentable. »

Raymond Poulidor a aussi perdu le Tour sur la route de Luchon à cause d'un changement de vélo cafouilleux. Il l'a surtout perdu sur le vélodrome de Monaco, où il pensait gagner l'étape (et prendre une minute de bonification) et franchit la ligne sans se rappeler qu'il faut encore effectuer un tour. Faute professionnelle. Et qui gagne un tour plus tard, prenant les 60 secondes de bonus ? Anquetil, évidemment. À Paris, il aura seulement 55 secondes d'avance.

Mais pour la légende, ce sera donc le puy de Dôme. dans *L'Équipe*, Jacques Goddet (qui dirige la course dans la journée puis signe son éditorial quotidien) ne retient pas son enthousiasme, et il y a de quoi : « Ce fut grandiose, comme l'est la masse abrupte du vieux volcan des millénaires passés, comme l'était,

1. Vuibert, 2016.

à la dimension d'une population entière, la masse des spectateurs […] enserrant le parcours, comme le demeure, dans son intensité dramatique, dans son faste et son tumulte, le Tour de France. Grandiose, implacable, poignante, la lutte que se livrèrent, dans un coude à coude muet où se plaçaient défi, souffrance, ruse, les deux antagonistes à la taille gigantesque du Tour 1964, Anquetil et Poulidor. Jamais deux hommes qui se disputaient férocement le plus beau et le plus rare des trophées n'avaient été si rapprochés dans l'effort[1]. »

Dans sa chronique quotidienne, une fois n'est pas coutume, Antoine Blondin ne raconte pas cet épisode historique « épaule contre épaule ». Car le samedi 11 juillet, sur la route de Port-de-Couze (Dordogne), s'est produit le plus grave accident jamais arrivé sur la route du Tour. Un camion-citerne militaire, n'appartenant pas à la caravane mais chargé de ravitailler les hélicoptères de la gendarmerie, a raté un virage et s'est encastré dans le parapet d'un pont avant de basculer dans la Dordogne, emportant 40 personnes avec lui. Bilan terrible : 9 morts, dont 3 enfants, et 13 blessés.

« La tragédie de Port-de-Couze, écrit Blondin[2], porte les couleurs d'une fatalité innommable à laquelle on ne saurait attacher aucun coefficient humain. Elle a pour nous les dimensions d'un coup de grisou. Si je dis que le Tour pleure ses morts, cela ne saurait en aucun cas signifier qu'il les a causés, mais bien que les victimes

1. *L'Équipe*, 13 juillet 1964.
2. *Ibid.*

sont des êtres qui étaient venus spontanément à nous, nous avaient adoptés dans le sourire des retrouvailles et se reliaient à nous par les liens d'une passion qui s'apparente singulièrement à l'esprit de famille. Nous les avons perdus. »

VOTEZ POULIDOR !

Au village-départ des étapes du Tour de France, on le voit tout de suite : il porte un polo jaune. Il est assis au stand du Crédit lyonnais, sponsor de l'épreuve, qui lui offre chaque été son CDD de trois semaines. Quarante-deux ans après avoir pris sa retraite sportive, Raymond Poulidor signe encore et toujours des autographes à 83 ans. Le Tour, c'est sa « came », sa drogue dure à lui. Tout le monde le reconnaît. Ou presque. Un jour, on a entendu un grand-père houspiller son petit-fils : « Comment, tu ne reconnais pas Monsieur Poulidor ? » Eh non, le pauvre gamin n'était pas né quand « Monsieur Poulidor » était coureur cycliste !

« Poupou », de ce surnom trouvé par Émile Besson, journaliste à *L'Humanité*, répond toujours avec gentillesse aux éternelles mêmes questions, raconte encore et encore la montée du puy de Dôme, fait des selfies avec des spectateurs qui, pour la plupart, ne sont plus de prime jeunesse mais ont en mémoire ce très vieux temps où la France était fracturée par le duel Anquetil-Poulidor. Pour le Crédit lyonnais, son sponsor, comme jadis en vainqueur du Dauphiné libéré ou du Tour d'Espagne (qui a depuis opté pour un maillot rouge), Raymond Poulidor est donc en jaune. Comme dans une vieille publicité pour la Samaritaine, le magasin où l'on trouvait tout… même le maillot jaune. Mais il ne l'a jamais été sur les routes de juillet.

C'est le plus insondable mystère du Tour de France : pourquoi Raymond Poulidor n'a-t-il jamais réussi à revêtir le maillot jaune ? Qu'il n'ait pas gagné le Tour, c'est une chose. Il a croisé la route d'Anquetil en début de carrière et celle de Merckx à la fin. Entre les deux, il y a eu Felice Gimondi, Lucien Aimar, Roger Pingeon, Bernard Thévenet, Lucien Van Impe. À cause de vingt-sept mois de service militaire dont treize en Algérie, Poulidor n'était passé professionnel qu'à 23 ans, mais avec la longévité qui fut la sienne, il aurait presque pu courir aussi contre Bernard Hinault. Ajoutons la malchance, les chutes, les crevaisons, un manque probable de cette ambition vorace qui fait les super-champions, un bonheur de pédaler peu compatible avec la rage de vaincre, une propension certaine à regarder surtout le paysage et, de son propre aveu, à « rêver », des erreurs proches de la faute professionnelle (croire qu'on a gagné l'étape quand il y a deux tours de vélodrome à effectuer, comme à Monaco en 1964 !) et cette absence au palmarès s'explique.

Mais le maillot jaune ? Si Eugène Christophe et René Vietto, ses compagnons de malchance, n'ont jamais gagné le Tour, au moins, ils ont porté LE maillot, le seul qui compte, celui que les spectateurs guettent au long des routes. Par quelle incongruité lui a-t-il échappé, à lui ? Pourquoi ne l'avoir pas conquis, fût-ce pour un jour, voire une demi-journée à l'époque où existaient les demi-étapes, quand tant de coureurs cent fois moins doués et au palmarès cent fois moins éclatant l'ont porté ? Pour ne parler que des Français de l'époque de Poulidor, Raymond Riotte a porté le maillot jaune ; comme Jean-Pierre Genet, son fidèle équipier, Georges Groussard, Jean-Claude Lebaube, Charly Grosskost, Désiré Letort, Cyrille Guimard, José Catieau et Raymond Delisle. Mais pas Raymond Poulidor. Quel « déni de justice », selon l'expression de Jacques Goddet !

À moins qu'il ne faille renverser l'histoire : s'il y avait eu le maillot jaune, peut-être n'y aurait-il pas eu la gloire, puisque son premier livre de souvenirs s'intitule *La Gloire sans maillot jaune*[1], et surtout peut-être y aurait-il eu moins de popularité. Ce sont les défaites et l'attitude digne et calme dans la défaite qui ont fait la légende de Poulidor. Mais avec des victoires dans le Tour d'Espagne, la Flèche wallonne, Paris-Nice, Milan-San Remo, le Critérium international, le Dauphiné libéré, le Grand Prix des Nations, et un total de 189 victoires[2], tordons une bonne fois pour toutes le cou à une partie de ladite légende : Raymond Poulidor n'a terminé que trois fois deuxième du Tour[3] et une seule fois derrière Anquetil. Montant sur le podium huit fois en quatorze participations, il est battu par Joop Zoetemelk, avec six secondes places sur sept

1. Avec Georges Dirand et Pierre Joly, Calmann-Lévy, 1968.
2. *Les Victoires de Poulidor*, Yves Jean, Arthaud, 2013.
3. En 1964 derrière Anquetil, en 1965 derrière Gimondi, en 1974 derrière Merckx.

podiums… et une victoire en 1980, ainsi qu'un palmarès monumental pour ce champion néerlandais qui n'a pas la place qu'il mérite dans le (petit) panthéon du cyclisme. À deux reprises au moins, alors que Jacques Anquetil n'était plus là et Eddy Merckx pas encore arrivé, Poulidor a raté le coche. Mystères insondables, vous dit-on.

Ce 29 juin 1967, en nocturne, ce ne devait être qu'une formalité, sur les 5,775 kilomètres du premier prologue de l'histoire du Tour, dans les rues d'Angers. Jacques Anquetil (que Poulidor a battu contre la montre dans Paris-Nice et dans le Tour en 1966) n'est pas au départ. Certes, Jan Janssen, champion du monde en 1964 et deuxième du Tour 1966 derrière Lucien Aimar, est rapide. Le bel Allemand Rudi Altig aussi. Comme Felice Gimondi, vainqueur en 1965 et l'un des favoris de l'épreuve. Mais avec le maillot de l'équipe de France sur le dos, Raymond Poulidor devrait pouvoir s'imposer.

Il s'est élancé à 19 h 08. Le circuit est plat. En 7 minutes et 49 secondes, il devance Felice Gimondi de 8 secondes. Autant dire qu'il va prendre le maillot jaune, le premier de sa carrière. Enfin ! Mais il est parti en vingt-quatrième position et il y a 130 concurrents au départ. La soirée est longue. D'arrivée en arrivée, il est clair que le prétendu éternel second va faire taire les méchantes langues. On imagine les quotidiens préparant fiévreusement cette une historique tout en jaune.

« Je domine tout le monde, malgré un boyau légèrement dégonflé, racontera Poulidor, et je vis longtemps dans l'espoir de porter enfin mon premier "paletot" canari[1]. » Mais arrive tout à coup un Espagnol quasi inconnu, qui n'a jamais gagné de course contre la montre avant et qui n'en gagnera jamais après. Dans la presque nuit (l'heure d'été n'est pas encore de mise), c'est lui qui gagne : José-Maria Errandonéa devient, titre *L'Équipe*, que l'on devine prise de court, « le leader de la nuit angevine ». Il portera le maillot jaune deux jours et abandonnera sur chute dans la troisième étape. Tout ça pour ça ! Les poulidoristes n'oublieront jamais son nom.

Le lendemain, avant le départ de la première étape, c'est l'émeute autour de l'hôtel de France à Angers, où a justement dormi l'équipe de France. C'était toujours l'émeute autour de Raymond Poulidor, comme autour d'une rock star. Le champion (qui a appris par un coup de téléphone de son épouse qu'il était fait chevalier de l'ordre national du Mérite par le ministre François Missoffe) a un mal fou à s'extraire de la foule. Il ne peut le faire, comme toujours, qu'avec l'aide de la maréchaussée tandis que le futur vainqueur, Roger Pingeon, termine seul son petit déjeuner dans la plus totale indifférence. Ironie du sort en ce Tour 1967 : un presque homonyme, l'Italien Giancarlo Polidori, portera le maillot jaune entre Amiens et Roubaix. Polidori, dont on dit que le nom exaspérait Jacques Anquetil quand il le retrouvait sur les routes du Giro !

Les déboires de Raymond Poulidor continuent avec une énorme défaillance dans le Ballon d'Alsace à cause d'une « fringale » (aujourd'hui, les coureurs

1. *La Gloire sans maillot jaune*, *op. cit.*

disent « hypoglycémie »). Il se met au service de Roger Pingeon, qui avait déjà pris le maillot jaune à Jambes (ça ne s'invente pas) et le hisse moralement jusqu'en haut du Galibier, offrant au public, dans ce rôle de bon Samaritain, de nouvelles raisons de l'acclamer. Le Tour 1967 est surtout marqué par la mort du Britannique Tom Simpson sur la route brûlante du mont Ventoux, le 13 juillet[1]. Mais la chaleur n'en est pas la seule cause. Simpson, premier Britannique à porter (une journée) le maillot jaune en 1962, fut anobli pour cela par la reine d'Angleterre Élisabeth II.

Un autre prologue échappera à Poulidor pour encore moins que cela. En 1973, sur 7,1 kilomètres à Scheveningen, il sera devancé par Joop Zoetemelk. De seulement… 8/100e de seconde. Victime quelques jours plus tard d'une chute dans la descente du col de Portet-d'Aspet, celle-là même où se tuera le 18 juillet 1995 le jeune coureur italien Fabio Casartelli, il abandonne. Il a 37 ans et n'imagine pas qu'il sera deuxième derrière Eddy Merckx un an plus tard. Il n'a pas eu de chance, une fois de plus. À cela, il répond qu'il a eu de la chance et que les vrais malchanceux ont été Fabio Casartelli et Roger Rivière, dont la carrière se termina dans la descente du col du Perjuret[2], en 1960.

Quel est donc le mystère Poulidor, qui a même eu droit un jour à la une de l'hebdomadaire culturel *Télérama*, dont le cyclisme n'est pourtant pas la

1. Voir *infra*.
2. Voir *supra*.

tasse de thé ? Pour le journaliste Jacques Augendre, « sa popularité est un phénomène sportif et social sans équivalent. [...] Elle ne doit rien à la complaisance, encore moins à l'angélisme. Mais repose sur des valeurs fondamentales : la loyauté, la fidélité, le charisme, la disponibilité[1] ». Selon l'écrivain Bernard Clavel, « le jour où l'on dirait d'un enfant qu'il possède tout ce qu'il faut pour devenir un Poulidor, ça ne signifierait nullement qu'il a une chance de remporter le Tour de France, mais beaucoup plus largement qu'il ira loin dans la vie, suivant sa route au mépris des obstacles, s'accrochant à ce qu'il a décidé de réaliser, tenant ferme les mancherons de sa charrue sans se soucier des ronces, des cailloux et des mille pièges que dissimule la terre et que tendent les éléments[2] ». Son directeur sportif chez Mercier, Antonin Magne, avait sa propre explication : « Poulidor possède un pôle neutre. C'est l'une des raisons de l'immense sympathie dont il est l'objet. Il attire tout le monde et ne repousse personne. »

Et puis, aurait dit un jour le général de Gaulle, « Poulidor, c'est un nom de Premier ministre ! », en écho au patronyme du chef du gouvernement, Georges Pompidou, un autre homme du Massif central. Mais c'est tout naturellement Jacques Anquetil qui est le premier sportif décoré de la main du président de la République lui-même, le 7 novembre 1966 à l'Élysée, juste avant (par ordre alphabétique) le patineur Alain

1. *Jacques Augendre. La mémoire du Tour de France*, Christophe Penot, *op. cit.*
2. Introduction de Bernard Clavel dans *Le Poulidor*, de Raymond Poulidor et Jean-Paul Brouchon, Éd. Jacob-Duvernet, 2009.

Calmat[1], le rugbyman Michel Crauste, les athlètes Jocelyn Delecour et Michel Jazy, le skieur Guy Périllat.

Devenu président de la République, Georges Pompidou dut subir un lendemain de conférence de presse la concurrence de Poulidor, qui gagne Paris-Nice dans la dernière étape en 1972 en battant le grand Eddy Merckx. *France-Soir* partage alors sa une en deux colonnes : Pompidou sur la gauche, Poulidor sur la droite. « Pompon » contre « Poupou », s'amusent les dessinateurs de presse. Poulidor confie que la déception de Merckx était telle, sur le podium, qu'il a presque regretté de l'avoir battu. Vraie naïveté, fausse modestie ? Le mystère demeure. À moins que l'explication ne soit toute simple : gentil, doué d'empathie, doué pour le bonheur, Raymond Poulidor était un grand coureur cycliste et un homme équilibré, heureux. Il se savait destiné à rester métayer en Haute-Vienne, comme son père. Le vélo lui a servi d'ascenseur social. Sans oublier qu'il a pris goût à la gloire et qu'il souffrirait de ne plus être reconnu dans la rue. « Avec le recul, a-t-il confié à plusieurs reprises, je ne conserve que les images des bons moments et des paysages enchanteurs de notre pays. »

Pour vouloir tout gagner, pour aimer vaincre les autres, peut-être ne faut-il pas être heureux. Lors de la présentation du Tour 2019, Raymond Poulidor est monté sur la scène avec Merckx, Hinault et Indurain, les recordmen de victoires. Le temps d'une ovation. Le temps d'un de ses bons mots préférés : « À nous

1. Qui sera ministre de la Jeunesse et des Sports de Laurent Fabius entre 1984 et 1986.

quatre, nous avons gagné 15 Tours de France ! » La grande salle du Palais des Congrès était aux anges. En 2019, devant les exploits de son petit-fils, Mathieu van der Poel, Raymond Poulidor s'est pris à rêver de voir un jour le jeune homme en jaune à sa place...

Une seule fois, Raymond Poulidor s'est rebellé contre le destin. C'était le 14 juillet 1968. Le matin, sous la pluie, le général de Gaulle avait assisté au défilé militaire avec son nouveau Premier ministre, Maurice Couve de Murville, et le nouveau gouvernement. En remerciement de ses bons et loyaux services au printemps 1968, Georges Pompidou a été « renvoyé ». La « contestation » de mai a été balayée par les élections de juin, offrant à de Gaulle une majorité écrasante. Au passage, le salaire minimum a été augmenté de 30 %, histoire de ne pas désespérer totalement Billancourt. Dany Cohn-Bendit a été expulsé vers l'Allemagne, d'où il ne sera autorisé à revenir qu'en décembre 1978 grâce à un décret signé Valéry Giscard d'Estaing !

Les coureurs cyclistes n'ont pas manifesté, alors qu'une banderole « Le football aux footballeurs » est apparue pendant quelques jours sur la façade parisienne de la Fédération française de football. Seules quelques petites courses locales ont dû être annulées à cause de ce qu'on appelle « les événements » : le Premier Pas Dunlop, le Tour du Roussillon, le Tour des deux Savoie, le Grand Prix de L'Humanité, la Ronde d'Auvergne. La grande course du moment se déroule en Espagne et c'est Felice Gimondi qui remporte cette Vuelta. Le Dauphiné libéré n'était pas au programme en 1968.

La France se calme et change de polémique, se déchirant entre les « pour » et « contre » *Les Shadoks*, une série de Jacques Rouxel et Jean-Paul Couturier qui a, ironie du calendrier, débuté le 29 avril sur la première chaîne de télévision. Lorsqu'elle reprend après les grèves, elle coupe la France en deux entre ceux qui la considèrent comme géniale et ceux qui la trouvent débile. La voix de Claude Piéplu raconte les bagarres entre les Shadoks et les Gibis, tous animaux imaginaires. Les disputes ne sont plus entre pro- et anti-de Gaulle, ni entre anquetilistes et poulidoristes, mais on n'en est pas loin.

L'année 1968, elle, continue de n'être que bruit et fureur comme peu le furent, avec les assassinats successifs de Martin Luther King et de Robert Kennedy aux États-Unis, le coup de force de l'Union soviétique à Prague le 20 août, la famine au Biafra, la guerre du Vietnam et les manifestations qui vont avec. En décembre, *Apollo 8* va faire le tour de la Lune avec les astronautes Borman, Lovell et Anders. Une première, avant l'alunissage prévu pour l'année suivante.

Le Tour de France part de Vittel, comme un clin d'œil à ceux qui ne pensent pas qu'on puisse le gagner « à l'eau minérale ». Profitant d'une incursion en Belgique et au Luxembourg, Antoine Blondin risque évidemment un bon mot : « Nous n'avons pas rencontré Cohn-Bendit. Nous ne sommes pas allés non plus planquer le maillot couleur de lingot dans les coffres de quelque banque luxembourgeoise[1]. » Au

1. *L'Équipe*, 1er juillet 1968.

micro, il a fallu remplacer Robert Chapatte, viré pour avoir fait grève comme cinquante-sept autres journalistes de l'ORTF, y compris Michel Drucker. Chapatte reviendra en 1975, après un passage par Europe 1 où il retrouve un autre banni de la télé, Roger Couderc, la voix du rugby. À sa place, Pierre Loctin a bien du mal à être à la hauteur, d'autant qu'il ne se passe pas grand-chose jusqu'à la quinzième étape, le 14 juillet.

Tu parles d'une fête nationale ! À quelques dizaines de kilomètres de l'arrivée de l'étape Font-Romeu-Albi, une moto fauche Raymond Poulidor, qui tombe. Une plaque-souvenir a été installée sur la route. Alors qu'il pouvait, avant d'entamer les Alpes, envisager de gagner enfin le Tour (Gimondi et Merckx sont forfaits), c'est encore raté et cette fois il n'y est pour rien. Double fracture de l'os frontal, blessures au genou gauche et au coude droit, nez en sang, Poulidor repart. Dans le peloton, les favoris accélèrent comme un seul homme. « Je ne comprendrai jamais qu'on attaque un homme à terre », dira-t-il. Il finit l'étape et court celle du lendemain. Mais l'aventure s'achève à l'hôtel Terminus le bien nommé, place de la Gare à Aurillac. Allongé dans la chambre 24, Poulidor doit abandonner. Et il hausse le ton, mettant en cause le motard qui est venu le heurter par l'arrière, comme la bûche qui assomma Cyrano de Bergerac pour le tuer. Le motard n'a jamais présenté d'excuses. « Ce que je sais, accuse Poulidor dans une des délicieuses chroniques de Louis Deville[1], c'est que

1. « Le gisant de la chambre 24 » [1968], dans *La Légende des cycles et autres chroniques*, Micheline Deville (éd.), 2011.

l'ambulance était déjà à un kilomètre d'Albi quand j'ai été renversé par un motard. Or, l'accident s'est produit à 45 kilomètres de l'arrivée. Pour les histoires de contrôles antidoping, ils vous trouvent tout de suite, sans perdre une seconde… Enfin, c'est comme ça ! »

Une fois de plus, les poulidoristes ont le cœur qui pleure comme dans un poème de Verlaine. Ils ont l'habitude, et des stocks de mouchoirs inépuisables. Sur le bord des routes, ils ont planté des pancartes improvisées après son abandon : « Poulidor, t'es pas mort, t'es le plus fort[1] ! » Comme chaque année, ils sont sûrs que leur champion gagnera la prochaine fois. S'ils le pouvaient, ils l'éliraient président de la République, puisqu'en France tout finit par des élections. Robert Escarpit le proposera d'ailleurs dans *Le Monde* en 1974, alors que Poulidor vient de terminer deuxième derrière Eddy Merckx : « Est Eddy Merckx qui peut, mais n'est pas Poulidor qui veut. Merckx, c'est un peu le Kissinger ou le Giscard du sport. Mais l'aisance dans la réussite, la performance éblouissante sont, en fin de compte, de bien pâles mérites auprès de la persévérance courageuse qui tient à bout de bras le poids des années, auprès du refus de capituler devant une semi-défaite, et auprès du bon sens de ne pas avoir honte du demi-succès. » Et Escarpit, qui était alors le « billettiste » le plus célèbre de la presse, de conclure : « Décidément, s'il faut choisir, la prochaine fois, je voterai Poulidor. »

Le 31 décembre 1968, lors de ses vœux télévisés, le général de Gaulle est comme toujours lyrique : « Portons

1. *Ibid.*

donc en terre les diables qui nous ont tourmentés pendant l'année qui s'achève. » Mais il a annoncé un référendum sur les régions et le Sénat et offert les armes à ceux qui veulent le pousser vers la sortie. Ce sera chose faite en 1969, l'année où Jacques Anquetil va prendre sa retraite. L'année où Eddy Merckx va marcher sur la Lune, ou peu s'en faut.

MERCKX ET ARMSTRONG MARCHENT SUR LA LUNE

Le 16 juillet 1969, le Britannique Barry Hoban gagne au sprint la dix-huitième étape du Tour à Bordeaux. Mais le monde entier regarde en l'air. La fusée *Saturne 5* vient de propulser vers le ciel la capsule *Apollo 11* avec à son bord Neil Armstrong, Edwin Buzz Aldrin et Michael Collins. Dans quelques jours, deux hommes, deux Américains, vont marcher sur la Lune ! Ce sera comme dans Jules Verne et dans *Tintin*, mais en vrai. C'est une aventure inouïe, dont on a du mal à expliquer, cinquante ans plus tard, l'immense part de rêve qu'elle a offerte à toute une génération. Une aventure qui ne fait pourtant pas l'unanimité dans l'opinion, au moins en France, où l'on se remet tout juste d'avoir renvoyé, le 27 avril, le général de Gaulle dans ses foyers et élu Georges Pompidou à sa place[1]. Outre ceux qui n'y croient pas (« C'est du cinéma, ils ont tourné à Hollywood ! »), beaucoup jugent que la conquête

1. 52,58 % des Français, avec 80 % de participation, ont répondu « non » au référendum sur la régionalisation et la réforme du Sénat. C'est ce résultat au référendum qui a entraîné la démission de de Gaulle.

spatiale ne sert à rien et surtout qu'elle coûte trop cher. « On ferait mieux de lutter contre la faim dans le monde », entend-on fréquemment, à une époque où les images des enfants mourant au Biafra, à la une de *Paris Match*, heurtent fortement les consciences.

Le 20 juillet, heure de Houston, 21 juillet heure de Paris, dans la nuit, Neil Armstrong puis Buzz Aldrin posent le pied sur le sol lunaire. Le troisième homme, Michael Collins, attend dans la capsule spatiale ses deux leaders comme un équipier modèle, au rôle ingrat mais essentiel pour la réussite finale. Les images sont floues, en noir et blanc bien sûr, tremblantes, émouvantes. « Un petit pas pour l'homme, un grand pas pour l'humanité », dit Neil Armstrong en descendant du LEM (Lunar Excursion Module). Armstrong sera pour toujours un nom de trompettiste, d'astronaute et de coureur cycliste (mais pour ce dernier, chut !).

Un autre homme, à sa manière, est en train de marcher sur la Lune, sans scaphandre. Eddy Merckx est, le 20 juillet, le premier Belge à gagner le Tour depuis Sylvère Maes en 1939. Trente ans sans trophée ! On aurait presque plaint les Belges devant une telle disette, sans imaginer que la France attendra si longtemps un successeur à Bernard Hinault après 1985. En 1968, Merckx avait peut-être tremblé de voir son compatriote Herman Van Springel porter le maillot jaune au départ de l'ultime étape, avant d'être battu par le Néerlandais Jan Janssen. À la veille de la fête nationale belge, le triomphe de Merckx, ce coureur de 24 ans dont les journaux ont mis tant de temps à écrire le nom sans faute d'orthographe, est total et écrasant. Six victoires d'étape dont une avec son équipe, et le grand chelem des maillots : le jaune mais aussi le vert du classement par points, le blanc du « combiné » récompensant le coureur le plus complet, plus le classement du meilleur grimpeur. Merckx, qui va souvent mettre un cierge dans les églises des villes-départs d'étapes, comme naguère Gino Bartali, l'emporte sur tous les terrains : trois fois contre la montre à Divonne-les-Bains, Revel et Paris, en montagne au Ballon d'Alsace, à Digne et surtout à Mourenx, appelée alors « Mourenx ville nouvelle », dans les Pyrénées-Atlantiques, ville à laquelle le champion belge offre ce jour-là une inoubliable page de publicité. C'est simple : dans cette dernière étape des Pyrénées, Merckx affirme avoir seulement accéléré avant le sommet du Tourmalet pour marquer quelques points… et pour donner une leçon à son équipier de l'équipe Faema Martin Van den Bossche, qui l'avait attaqué par surprise : « J'avais appris la veille qu'il voulait rejoindre l'équipe Molteni, sans avoir prévenu personne. Il était impensable pour moi de le laisser franchir le Tourmalet en tête ! J'ai juste voulu lui rappeler qui était le patron », confie-t-il au journaliste sportif Éric Clovio[1].

Résultat de cette petite leçon, Merckx se retrouve seul en tête pendant 130 kilomètres, passe tout seul en haut de l'Aubisque avec 7 minutes d'avance sur ses principaux concurrents, qui franchissent la ligne, hésitant entre l'admiration et l'écœurement, avec un débours de 8 minutes. Au micro de l'ORTF, Léon

1. *Secrets de maillots jaunes*, *op. cit.*

Zitrone s'étrangle d'admiration. « Merckx dresse la guillotine chaque jour et nous met la tête sur le billot », soupire Raymond Poulidor.

Eddy Merckx ne laisse que des miettes. À Paris, Roger Pingeon est deuxième à plus de 17 minutes, Raymond Poulidor une nouvelle fois troisième à plus de 22 minutes et Felice Gimondi quatrième à près d'une demi-heure. Jan Janssen, le précédent vainqueur, est dixième à 52 minutes ! Les Français ont reçu un petit lot de consolation le 14 juillet avec la victoire de Raymond Delisle à Luchon. Le nouveau maître du Tour n'a échoué qu'en haut du puy de Dôme où, par une de ces belles histoires qu'affectionne le Tour, la victoire d'étape est revenue à Pierre Matignon (encore un nom de Premier ministre !) qui était aussi dernier de la course mais a, du coup, gagné une place et abandonné sa « lanterne rouge ». C'est dans la montée du puy de Dôme, lors de son dernier Tour en 1975, qu'Eddy Merckx recevra un coup de poing d'un spectateur. Sonné mais physionomiste, il redescendra à vélo et reconnaîtra son agresseur dans la foule…

Bref, Eddy Merckx a tué la course et va mériter son surnom de « Cannibale » (variante : « l'Ogre de Tervuren », du nom de la commune où sa mère tenait l'épicerie familiale). Soyons honnêtes, cinquante ans plus tard : si l'on s'extasie aujourd'hui sur la multitude d'exploits qui inspira à Jacques Goddet le superlatif « merckissimo », on a aussi souvent soupiré de lassitude : Merckx a gagné ? Encore ?

Quand il arrive au départ du Tour 1969, le jeune champion belge est loin d'être un débutant. Les organisateurs ont d'ailleurs prévu une étape chez lui, à Woluwe-Saint-Pierre, dans la banlieue de Bruxelles. Étape que Merckx gagne, évidemment, avec son équipe. En homme qui sait gérer sa carrière, il ne s'est pas précipité pour venir sur le Tour, mais son palmarès est déjà largement supérieur à celui de la plupart de ses adversaires : il compte alors à son actif trois Milan-San Remo (il en gagnera sept !), un Tour d'Italie[1], un Paris-Nice, un Paris-Roubaix (il en remportera trois) une Flèche wallonne, un Liège-Bastogne-Liège, un Tour des Flandres. En 1967, il a déjà remporté l'un de ses trois titres de champion du monde. C'est simple : à l'heure de sa retraite, en 1978, Merckx aura triomphé partout sauf dans Paris-Tours, trop favorable aux purs sprinters, et dans Bordeaux-Paris, qu'il n'a jamais disputé.

Eddy Merckx voulait tout gagner. Tout en se défendant d'avoir été trop gourmand : « Croyez-moi ou pas, mais je ne cherchais pas l'exploit, je voulais juste... m'apaiser [...] Mon carburant, c'était la volonté de faire la différence face à mes adversaires pour sécuriser ma victoire. Pas pour dire que j'avais réussi un truc[2] ! », explique-t-il.

C'est pourtant cette image de bulldozer écrasant tout sur son passage que l'on a retenue à l'époque, ainsi que le décrit l'écrivain Michel Bernard : « Le peloton [...] n'allait pas vite et pourtant cela a duré à peine

1. En 1969, il est mis hors course du Giro pour une sombre histoire de dopage qui arrangea bien les Italiens mais ne fut jamais élucidée.

2. *Secrets de maillots jaunes*, *op. cit.*

vingt secondes. J'ai aperçu le maillot jaune. Mon frère a cru voir Roger Pingeon. J'aurais bien fait l'échange. Je connus le désespoir. Il avait le visage de Merckx. C'était un monstre, un Hun. Cela tenait à quelque chose d'asiatique dans ses yeux, noirs, écartés sous les paupières légèrement pincées. C'était Attila. Il courait pour une marque de charcuterie italienne. Ravageant les routes de France, il était partout : dans les cols, dans les descentes, sur le plat, au sprint. Le Belge au patronyme bizarre – un nom de médicament – écœurait tout le monde : ses adversaires, le commentateur de l'ORTF, mon grand-père et moi. Il réalisait ses exploits dans des endroits étranges : à Mourenx, une ville nouvelle au pied des Pyrénées, au mont Ventoux, le plus haut désert d'Europe ; il semblait ne pas souffrir[1]. »

Comme Anquetil, Merckx va gagner cinq Tours de France. Mais si l'on enrage parfois du peu de suspense que sa présence offre à la course, on ne s'ennuie pourtant jamais, à moins que les années n'aient gommé le souvenir de l'ennui… Ses adversaires ont le renoncement moins facile que, plus tard, ceux de Miguel Indurain ou de Lance Armstrong. En 1970, il survole encore l'épreuve et gagne huit étapes (comme Bartali en 1948) dont celle du mont Ventoux, où il prend le temps de se découvrir devant la stèle à la mémoire de Tom Simpson, qui avait été son coéquipier dans l'équipe Peugeot. En 1971, coup de théâtre, Luis Ocaña terrasse dans l'étape d'Orcières-Merlette le Belge, qui termine à 8 minutes et 4 secondes. Mais on ne refait pas Eddy

1. *Mes Tours de France*, La Table ronde, 2014.

Merckx : le lendemain matin, il attaque dès le départ d'une étape qui va se terminer à Marseille. Il est comme ça, Eddy. Il roule tellement vite avec un petit groupe de coureurs que l'étape approche du Vieux Port avec une heure d'avance et que le maire de la ville, Gaston Defferre, manque d'arriver en retard pour la remise des maillots. Ce n'est décidément pas son année : à l'élection présidentielle du mois de juin, le maire de Marseille (malgré l'appui de Pierre Mendès France) n'a recueilli que 5,01 % des suffrages, plongeant (déjà !) les socialistes dans l'échec et le désarroi. Il faut dire qu'à l'époque, le PCF pèse encore plus de 20 % !

Hélas pour le duel qui s'annonçait somptueux, Luis Ocaña tombe ensuite dans la descente du col de Menté et doit abandonner. Grand seigneur, celui que le roi des Belges Albert II fera plus tard baron refuse de porter le maillot jaune le lendemain. Un maillot jaune, « ça se mérite ».

Le malheureux Luis Ocaña restera, jusqu'à la mort, obsédé par sa rivalité avec Eddy Merckx, au point d'appeler son chien « Merckx » pour enfin donner des ordres à Eddy et tenter d'en être obéi... Ocaña gagne un Tour de France, en 1973, mais le « Cannibale » n'est pas au départ. Le coureur espagnol, champion écorché vif qui avait adopté la France, vivra une reconversion professionnelle difficile, ses projets échouant les uns après les autres. Il se frotte un peu à la politique en soutenant Jean-Marie Le Pen à la fin des années 1980. À la suite de plusieurs accidents de voiture, il contracte une hépatite C lors d'une transfusion. Atteint d'un cancer du foie, Luis Ocaña se suicide d'un coup de fusil dans sa ferme du Gers, le 19 mai 1994.

En 1972 et 1974, Eddy Merckx, ce phénomène dont le cœur bat à quarante pulsations minute au repos, gagne encore face à une concurrence relevée. Il ne cède qu'en 1975, vaincu par Bernard Thévenet et par le coup de poing du spectateur du puy de Dôme. Et il aime tellement le maillot jaune qu'il lâche : « C'est juste moche d'avoir dû dire adieu à ce si beau maillot en n'étant pas battu à la régulière[1]... »

Autre signe particulier des victoires d'Eddy Merckx, il est arrivé trop tard pour le Parc des Princes (où Raymond Poulidor a signé en 1967 une victoire dans la dernière étape avant démolition, vingt-quatre heures avant que le général de Gaulle ne s'exclame « Vive le Québec libre ! » à Montréal) et trop tôt pour les Champs-Élysées. C'est au vélodrome de la Cipale, dans le bois de Vincennes, que le Belge fait ses cinq tours d'honneur. Pour le premier d'entre eux, le 20 juillet 1969, il est étrangement assis sur le capot d'une voiture officielle de la course, les jambes allongées, alors que son directeur sportif, le bouillant Guillaume Driessens, a enfourché un vélo de ville à ses côtés ! Depuis 1987, la Cipale a été rebaptisée « vélodrome Jacques-Anquetil ». C'est là que le champion normand avait fait ses adieux au cyclisme le 5 octobre 1969.

Quand Eddy Merckx arrête à son tour la compétition, le 17 mai 1978 (avec 625 victoires à son palmarès !), les Américains sont retournés cinq fois sur la

1. *Secrets de maillots jaunes*, *op. cit.*

Lune. Il a manqué un Tour à Eddy Merckx pour égaler l'exploit, alors qu'un autre cannibale pointe le bout de son guidon. Le nouveau prédateur des pelotons est un Breton. Il a un fichu caractère. On l'appelle « le Blaireau ».

BERNARD HINAULT GAGNE, LA GAUCHE AUSSI

Celui-là, c'est un sacré client ! Breton comme Bobet, talentueux comme Anquetil, conquérant comme Merckx. Avec en plus ce petit truc qui donne l'impression qu'il veut toujours prouver et se prouver quelque chose. Avec une petite réserve, selon l'ancien directeur du Tour Jean-Marie Leblanc : « Hinault, quand un coup partait et qu'il avait cinq minutes de retard, il se faisait une raison. Merckx, lui, ne s'est jamais fait une raison[1]. »

Teigneux, prêt à faire le coup de poing contre des manifestants ou à entraîner le reste du peloton sur le chemin de la grève, Bernard Hinault a dominé de sa classe et de son caractère le cyclisme pendant dix ans. Une carrière relativement courte, mais qu'on n'est pas près d'oublier.

La France n'est pas calme, en cette fin des années 1970. Les deux chocs pétroliers de 1973 et 1979 frappent de plein fouet l'économie. La chute du shah

---

1. *J'écris ton nom, Tour de France*, Christophe Penot, Éd. Cristel, 2002.

d'Iran, l'instabilité du Moyen-Orient provoquent une grande peur. « C'est la crise », entend-on à toutes les sauces, et le plat sera servi pendant des années. Quarante ans plus tard, il est toujours au menu. Le 1er janvier 1974, le litre d'essence a augmenté de 20 %. On a peur de manquer de pétrole, c'est le temps de la « chasse au gaspi », non à cause du réchauffement climatique (malgré l'été de sécheresse de 1976, pour la victoire de Lucien Van Impe), mais pour économiser le précieux carburant. On surveille avec angoisse, à Vienne, les réunions de l'OPEP (Organisation des pays exportateurs de pétrole) qui décident du prix de l'or noir. Le baril de pétrole coûte 14 dollars en 1978 et 39 dollars trois ans plus tard. L'inflation galope largement au-dessus de 10 %.

On conseille aux Français de moins chauffer leur appartement, de prendre les transports en commun et on abaisse les limitations de vitesse, en novembre 1974, à 130 kilomètres-heure sur autoroute et 90 kilomètres-heure sur les routes. Ça tombe bien : on compte alors plus de 15 000 morts chaque année sur les routes (40 tués par jour[1] !). Les économies d'essence serviront aussi à sauver des vies. C'est toujours ça de pris !

Il y a plusieurs années que la France flirte avec l'alternance politique sans y succomber. En 1974, année de la dernière victoire d'Eddy Merckx dans le Tour, Valéry Giscard d'Estaing ne l'a emporté que d'un cheveu (425 000 voix) sur François Mitterrand. Ce qu'on nomme alors l'union de la gauche (Parti socialiste,

1. En 2018, on dénombre 8 tués par jour.

Parti communiste et Parti radical de gauche) progresse à chaque élection locale et passe de peu, en 1978, à côté de la victoire aux élections législatives. Le président de la République, Valéry Giscard d'Estaing, en butte au désamour des Français, avait promis de jouer le jeu de ce qu'on n'appelle pas encore la « cohabitation », quitte à se retirer au château de Rambouillet pour aller tranquillement à la chasse. Mais la droite et le centre esquissent un sursaut. Ce sera le dernier, en cette année de première victoire de Bernard Hinault dans le Tour. Trois ans plus tard, François Mitterrand, que tout le monde avait prématurément enterré, entre à l'Élysée. Les Cassandres de droite s'attendent à voir débarquer les chars de l'Union soviétique place de la Concorde. Pas du tout. Il n'y a pas encore de coureurs russes dans le peloton et, le 20 juillet, c'est le Belge Freddy Maertens qui gagne l'étape sur les Champs-Élysées. Bernard Hinault est pour la troisième fois en jaune.

La gauche veut changer le monde, « changer la vie », faire tomber des têtes, apporter le bonheur aux peuples. Jack Lang, ministre de la Culture, croit qu'on est passé « de l'ombre à la lumière » et boycotte le Festival du cinéma américain de Deauville. La gauche va (entre autres) abolir la peine de mort et faire passer l'âge de la retraite de 65 à 60 ans. La ministre des Sports, Edwige Avice, veut aussi marquer son passage. Dans plusieurs interviews, notamment au mensuel *Vélo*[1], elle pose un diagnostic subtil comme l'était la gauche de l'époque : « Je vais voir, dit-elle, s'il n'est pas possible de faire du

1. Septembre 1981.

Tour de France autre chose que la foire commerciale à laquelle on a assisté. Le peloton des coureurs est en fait une deuxième caravane publicitaire et j'en ai été choquée. Moi personnellement, mais aussi des spectateurs et des journalistes qui me l'ont confirmé. [...] J'ai été ravie d'en suivre une étape, mais il est évident que, par des formes que je ne connais pas encore, il faudra la modifier. » Elle envisage le retour aux équipes nationales, créées en 1930, abandonnées en 1962, reprises seulement en 1967 et 1968. Tout cela sera évidemment sans lendemain.

Bernard Hinault, lui, s'en fiche. Il gagne. Pas autant qu'Eddy Merckx mais en construisant avec 216 victoires l'un des plus beaux palmarès du cyclisme français, sans doute le plus complet, car, comme Louison Bobet avant lui et contrairement à Jacques Anquetil, il gagne toutes sortes de courses : cinq Tours de France, trois Tours d'Italie, deux Tours d'Espagne, deux Liège-Bastogne-Liège dont une édition dantesque sous la neige, un Championnat du monde, cinq Grands Prix des Nations contre la montre, deux Tours de Lombardie, deux Flèches wallonnes... Sans oublier son unique Paris-Roubaix, course qu'il qualifiait de « cochonnerie » avant et après sa victoire. Trop de crevaisons, trop de chutes, trop d'injustices. Mais il vient, crève, tombe (trois fois) et gagne. Pas devant n'importe qui : Roger de Vlaeminck (deuxième) est le co-recordman des victoires sur le vélodrome de Roubaix avec Tom Boonen (quatre succès chacun) et Francesco Moser (troisième), trois fois vainqueur. Hinault à Roubaix, c'est un peu *veni, vidi, vici.* Il ne reviendra pas.

En jaune, et seulement pour l'orgueil et la gloire, il réussit aussi ce qu'aucun autre vainqueur du Tour n'a pu faire (hormis quand la dernière étape se déroulait contre la montre) : gagner, et par deux fois, sur les Champs-Élysées. En 1979, impérial, il s'échappe sur l'avenue avec Joop Zoetemelk. Ils terminent premier et deuxième de l'étape. C'est aussi le classement final du Tour. Hinault remet ça en 1982 en battant au sprint Adrie Van der Poel, le futur gendre de Raymond Poulidor. Là où le maillot jaune, bien entouré par ses équipiers, court l'étape en milieu de peloton en évitant surtout la chute de dernière minute qui pourrait tout compromettre, Hinault attaque, prend des risques et gagne. Gonflé, le Breton.

Gonflé sur le vélo, il l'est aussi dans la vie. Meneur d'hommes, c'est lui qui est à l'origine d'une grève des coureurs, le 12 juillet 1978 : vélo à la main, ils passent à pied la ligne d'arrivée de l'étape Tarbes-Valence-d'Agen. Le motif ? Les transferts de ville à ville, qui ont obligé les coureurs à quitter leur hôtel à 7 h 30 du matin après s'être couchés à minuit. André Chalmel, coéquipier d'Hinault, se fait le porte-parole de la grogne : « Nous ne sommes pas des bêtes de cirque que l'on exhibe de ville en ville. Nous ne demandons pas plus d'argent mais simplement un peu plus de considération. » On croirait presque entendre les frères Pélissier face à Albert Londres[1].

Devant le spectacle de cette arrivée d'étape qui n'en est pas une, les organisateurs sont furieux. Des

1. Voir *supra*.

spectateurs sifflent. Le maire de la ville, Jean-Michel Baylet, patron de la puissante *Dépêche du Midi*, est consterné. On lui a volé son spectacle. Bernard Hinault raconte lui avoir lancé plus tard : « De quoi te plains-tu ? Si nous n'avions pas fait grève, ton bled, personne ne le connaîtrait ! »

Pour l'occasion, *L'Humanité* retrouve ses accents de 1924. Dans le quotidien, qui est encore l'organe officiel du Parti communiste français, Roland Passevant dénonce « une vaste opération commerciale pour les journaux organisateurs, une opération promotionnelle, pour les firmes, un champ sportif qu'elles dévorent de plus en plus pour gagner de bonnes minutes de télévision à prix réduit par des panneaux et des banderoles vantant tout… sauf les mérites de ceux qui souvent vont au bout de leurs forces pour produire le spectacle[1] ».

Pourtant, les « travailleurs » ne sont pas tous hostiles au Tour. Si des incidents ont éclaté à plusieurs reprises, comme en 1974 où des pneus des voitures d'équipes ont été lacérés et des routes bloquées, la CGT a toujours fait en sorte que la course ne soit pas perturbée. Le Tour est une vitrine mondiale qui permet de donner de l'écho aux revendications, certes, mais il ne faut quand même pas troubler la fête populaire. Ainsi, en 1982, c'est sans l'accord de la CGT que des grévistes de l'entreprise Usinor-Denain, qui doit fermer ses portes, bloquent la route et parviennent à faire annuler par la direction de la course l'étape contre la montre par

1. *L'Humanité*, 14 juillet 1978.

équipes prévue entre Orchies et Fontaine-au-Pire. « Le Tour draine tant de passions, écrit Louis Destrem dans *L'Humanité*, mobilise tant de moyens, suscite tant de bavardages aimables et de chamaille qu'il s'est érigé depuis longtemps au rang d'institutions. Alors, on le prend à témoin[1]. » Cette année-là, la France compte 1,8 million de chômeurs, soit 7,7 % de la population active. Denain est devenue, trente-cinq ans plus tard, l'une des villes les plus pauvres de France. En 2017, elle a élu un député Front national, Sébastien Chenu.

À Denain, Bernard Hinault reste calme malgré l'annulation de l'étape, alors que, pour la première fois, un non-Européen, l'Australien Phil Anderson, conquiert le maillot jaune. Il n'en est pas de même le 12 mars 1984, lorsque des ouvriers des chantiers navals de La Ciotat bloquent la route de Paris-Nice. Hinault, qui est alors en tête d'un petit groupe de coureurs, fonce sur les manifestants et envoie un direct du droit à l'un d'eux. Un photographe aura droit un jour au même traitement de la part du Breton d'Yffiniac au pied du podium, à Fougères. Hinault voulait y faire monter toute son équipe et les photographes le gênaient. Parmi ses équipiers se trouve un certain Greg LeMond. C'est l'année où Bernard Tapie, qui est venu insuffler de la modernité et le goût de l'argent au milieu plutôt conservateur et gagne-petit du cyclisme, tire les ficelles, signe le scénario, les chèques et la mise en scène. Aujourd'hui, un Hinault reconnaissant tire encore son chapeau à l'artiste Tapie : « Tapie m'a particulièrement marqué.

---

1. *L'Humanité*, 8 juillet 1982.

À la régie Renault [son employeur précédent, avec Cyrille Guimard comme directeur sportif], je n'étais finalement qu'un numéro. Tapie, lui, a fait quelque chose de spécial. Il était présent à mes côtés, s'y entendait pour me stimuler. Un vrai gagnant. Je l'ai encore au téléphone de temps en temps[1]. »

Bernard Tapie, qui se rend célèbre à l'époque en rachetant des entreprises en difficulté, s'offre un Bernard Hinault que ses problèmes de genoux semblaient condamner à une retraite prochaine. Patron de la marque Look, il importe dans le monde du vélo les fixations de ski, en lieu et place des bonnes vieilles pédales à cale-pieds. Il embarque dans l'aventure Look, La Vie claire et imagine un maillot inspiré de Mondrian, qu'il a ressuscité en 2019 pour le maillot du vainqueur du Tour de Provence, dont il a pris la tête en tant que patron du quotidien *La Provence*. Il fait aussi flamber les salaires et rêve, grâce à Greg LeMond, de conquérir le marché américain.

Ils nous ont quand même bien eus, Hinault, LeMond et Tapie ! On y a cru, de loin, en regardant la télévision, à cette belle amitié, au moins à cette solidarité, entre un Bernard Hinault au palmarès étincelant, aidant le jeune débutant Greg LeMond à gagner le Tour de France 1986. Dans la montée de l'Alpe d'Huez, le 21 juillet, ils semblent faire cause commune. À proximité de la ligne d'arrivée, l'Américain pose la main sur le dos de son leader. La larme à l'œil, on a presque envie d'entonner « Avoir un bon copain »… Hinault gagne

1. *Vélo Magazine*, janvier 2019.

l'étape en riant. Il rit jaune. Greg LeMond va être le premier Américain à gagner le Tour de France. Mais Bernard Tapie a tout mis en scène depuis un an. En 1985, LeMond s'est sacrifié pour Hinault, qui termine le Tour avec un nez cassé après une chute lors de l'arrivée de l'étape de Saint-Étienne, et Hinault doit rendre la politesse l'année suivante. L'ennui, c'est que Hinault n'a pas du tout envie de se sacrifier. Il se moque de LeMond en assurant que, dans la montée des fameux vingt et un virages de l'Alpe d'Huez, l'Américain avait peur de la foule souvent hystérique et parfois avinée. Et qu'il aurait pu, si l'on comprend bien, le lâcher s'il l'avait voulu. Mais il ne l'a pas fait. Bernard Tapie veille au grain et, après les embrassades sur le podium, les deux coureurs rentrent à l'hôtel où ils se regardent en chiens de faïence et ne s'adressent pas la parole. On dirait qu'ils anticipent les simagrées des « amis de trente ans » Jacques Chirac et Édouard Balladur.

La cohabitation entre les deux hommes ne tourne justement pas plus rond que celle qu'ont entamée en mars le président de la République François Mitterrand et son Premier ministre Jacques Chirac, puisque la gauche a perdu les élections législatives. Le 14 juillet, alors que le Tour arrive à Bordeaux, Mitterrand annonce qu'il ne signera pas les ordonnances que la nouvelle majorité a concoctées pour mettre en place son programme de privatisations ainsi que le redécoupage des circonscriptions législatives et l'aménagement du temps de travail. Ministre de l'Intérieur, Charles Pasqua conseille à Jacques Chirac de démissionner en guise de protestation, pour provoquer une crise et une élection présidentielle anticipée. Chirac n'en fait rien. Il cède. Le roué Mitterrand n'en fera qu'une bouchée lors de l'élection présidentielle suivante et pourra ainsi nommer en 1992 Bernard Tapie (devenu député dans l'intervalle) ministre de la Ville. Le monde est petit…

L'ÉTÉ DES DEUX LAURENT

Le 17 juillet 1984, Laurent Fignon endosse le maillot jaune. Il a gagné l'étape Bourg-d'Oisans-La Plagne, dépossédant de la première place son coéquipier Vincent Barteau, qui vient de passer douze jours en jaune, l'exploit de sa vie. Fignon va remporter son deuxième Tour de France. Pour lui, c'est une confirmation. Non, il n'a pas gagné par défaut en 1983 et parce que son leader, Bernard Hinault, est resté à la maison pour soigner son genou. Il n'a pas encore 24 ans. C'est un vrai champion, avec le caractère et même le mauvais caractère qui va avec. Une grande carrière s'ouvre devant lui. Il est persuadé, écrira-t-il plus tard dans un livre, qu'il va « en gagner cinq ou six[1] » et prendre très vite sa retraite.

Ce même 17 juillet, Laurent Fabius devient Premier ministre. Il a 37 ans, on n'a jamais vu un aussi jeune chef de gouvernement à Matignon, où l'on installe des balançoires pour ses enfants. Pour lui, c'est un couronnement, mais le nouveau Premier ministre, qui rêve de l'Élysée, croit que c'est un tremplin. Il a

1. *Nous étions jeunes et insouciants*, Grasset, 2009.

déjà fait ses preuves, depuis 1979 au côté de François Mitterrand au Parti socialiste, en 1981 comme ministre délégué au Budget, instaurant le premier impôt sur la fortune, puis en 1983 ministre de l'Industrie et de la Recherche. Le président de la République lui a confié le dossier de la sidérurgie, un cadeau en forme d'enterrement de première classe dont il a su se débrouiller.

Jeunes, modernes, parisiens, un énarque d'un côté, un cycliste qualifié d'intello parce qu'il a son bac (et porte des lunettes) de l'autre. Comment ne pas faire le parallèle, en cet été qui clôt six mois de turbulences et de manifestations ? Dans les sondages, trois ans après son élection qui devait presque changer la face du monde, François Mitterrand peut constater que tous les signaux sont au rouge. Le chômage n'a pas reculé (il sera de 8,6 % en fin d'année) ; l'industrie ferme de plus en plus de portes et c'est justement Fabius qui est chargé de contrôler les serrures ; l'inflation s'est réduite, mais le « tournant de la rigueur » dès l'été 1982 a mis à bas beaucoup de grandes espérances. Lui-même a reconnu que la fiscalité infligée aux Français depuis 1981 avait peut-être frappé un peu fort… L'exaspération fiscale, air connu…

Finalement – mais est-ce une surprise ? –, les lendemains ne chantent pas. Le Premier ministre Pierre Mauroy quitte Matignon. Le 11 juillet, une importante hausse du prix de l'essence (plus 22 centimes le litre) est décidée. Il s'agit de « financer la caisse nationale de l'énergie » et, en aucun cas, assurent les dirigeants, de résorber les déficits. Défense de rire. Le 14 juillet, François Mitterrand renonce à un projet pour l'école auquel il ne croyait peut-être même pas.

Les ministres communistes prennent la porte le 19 juillet, alors que Jacques Delors, qui avait tant rêvé de Matignon, devient président de la Commission européenne. Mais, passionné de cyclisme (au point d'en dégoûter sa fille, Martine Aubry, qui en a de mauvais souvenirs d'enfance), il a bien dû regarder l'arrivée de l'étape à la télévision avant de prendre l'avion pour Bruxelles (le Thalys n'est pas encore en service). Laurent Fignon a de nouveau gagné l'étape qui s'achève à Crans-Montana. Le triomphe est total, Greg LeMond n'a plus qu'à prendre la deuxième place et Bernard Hinault la troisième. Un podium de géants : à eux trois, une fois leur carrière terminée, ils auront remporté dix Tours de France. Au côté de Jacques Chirac, maire de Paris, Laurent Fabius vient féliciter Laurent Fignon sur les Champs-Élysées.

Comme après sa défaite de 1965, comme après ses errements de mai 1968, comme après sa défaite de 1974, l'année de la naissance de Mazarine, plus personne ne mise alors un kopeck sur François Mitterrand. Il est cuit ! Depuis le printemps, les manifestations se multiplient contre ce projet de créer un « grand service public, unifié et laïque de l'Éducation nationale ». Il figurait dans les 110 propositions du candidat (c'était la 90e), mais personne ne pensait que Mitterrand tiendrait cette promesse. Mais si. Tollé de l'école privée, des évêques derrière Jean-Marie Lustiger, de la droite parlementaire. Le 4 mars 1984, 500 000 personnes manifestent dans le calme à Versailles. Le 24 juin, dans un défilé qui ne s'arrête jamais, partant de toutes les gares de la capitale et retournant vers les gares après avoir fait le tour de la place de la Bastille, ils ne sont pas loin d'un million, venus de toute la France. Dans ses déplacements en province, François Mitterrand se fait siffler et conspuer. En ce printemps, 56 % des Français ne lui font pas confiance, selon l'étude mensuelle réalisée par la Sofres. Pour l'époque, c'est presque un chiffre record. À la télévision, Yves Montand, que certains verraient bien briguer l'Élysée depuis que Ronald Reagan s'est installé à la Maison-Blanche, joue les provocateurs dans une émission qui proclame « Vive la crise ![1] » et que regardent vingt millions de téléspectateurs !

Les élections européennes, qui se déroulent pour la deuxième fois le 17 juin 1984, confirment le désamour. Elles font même plus. Si la liste socialiste (conduite par Lionel Jospin) obtient 20,7 %, celle du Parti communiste (avec Georges Marchais) plonge à 11,2 % tandis que la liste unique RPR-UDF, rassemblant la droite et le centre derrière Simone Veil, culmine à près de 43 %. Un nouveau venu s'invite alors dans le bac à sable de ce qu'il appelle lui-même « la bande des quatre » : Jean-Marie Le Pen, président du Front national, réalise 11 % et fait entrer dix élus à Strasbourg, dont lui-même. Il y siègera jusqu'en mai 2019. C'est « le choc », titrent les journaux, croyant à un mouvement d'humeur éphémère des électeurs.

Laurent Fabius, celui que Mitterrand appelle « le jeune Premier ministre que j'ai donné à la France », s'attirera d'ailleurs les foudres de certains de ses amis en déclarant que le Front national « pose de bonnes

1. Sur Antenne 2, le 22 février 1984.

questions et apporte de mauvaises réponses ». En cet été 1984, le chef du gouvernement est sur un petit nuage. Il aura une carrière politique en dents de scie, abîmée par les accusations dans l'affaire du sang contaminé, pour laquelle il sera mis hors de cause par la Cour de justice de la République. Mais il ne sera jamais candidat à la présidence de la République et servira l'État au ministère des Finances, des Affaires étrangères et finalement à la présidence du Conseil constitutionnel. L'année 1984 aura marqué son sommet. Celui de Laurent Fignon aussi, lui que deux Milan-San Remo, une Flèche wallonne et un Tour d'Italie ne consoleront jamais tout à fait de ne pas avoir gagné au moins trois Tours, comme vingt ans plus tôt Louison Bobet. Il passera pourtant tout près d'une troisième victoire en 1989.

Ah ! cette dernière étape, ce contre-la-montre de 24,5 kilomètres entre Versailles et Paris ! Peut-être le suspense le plus fabuleux de l'histoire du Tour. Presque mieux que le puy de Dôme entre Anquetil et Poulidor en 1964. Mieux que Robic en 1947. Mieux que Jan Janssen triomphant d'Herman Van Springel le dernier jour en 1968 après un autre contre-la-montre. Pour huit secondes, Greg LeMond bat Laurent Fignon. On pourra gloser encore pendant des années sur le guidon de triathlonien utilisé par le premier Américain à avoir gagné le Tour (en 1986) ; sur un Fignon affaibli par une blessure. Sur ce que valent huit secondes dans une vie de champion, dans la vie d'un homme. Dans son livre de souvenirs, Laurent Fignon écrit sobrement : « Jour de tristesse insensée. Jour de défaite monstrueuse, inacceptable [...] Pendant un long moment, la défaite resta en dehors de mon être. Elle ne pénétra pas mon monde intérieur. J'étais entré en commotion. Je marchais comme un boxeur sonné, dans un univers improbable de fureurs et de bruits. Je ne savais pas où j'allais et qui me forçait à y aller[1]. »

On garde le souvenir de Fignon, restant allongé sur le bitume des Champs-Élysées alors que LeMond, qui semble ne pas y croire lui-même, exulte. Mais les deux champions ont surtout fait vivre au Tour trois semaines de suspense total. On sort des célébrations du bicentenaire de la Révolution française. François Mitterrand, plus roi que révolutionnaire, a reçu les grands de ce monde et leur en a mis plein la vue avec ses grands travaux : soirée à l'opéra Bastille, inauguré pour l'occasion, sommet à la Grande Arche, dîner place de la Concorde avec vue sur le défilé orchestré par Jean-Paul Goude et la chanteuse Jessye Norman en bleu-blanc-rouge pour chanter *La Marseillaise.* Le Grand Louvre vient d'ouvrir ses portes, avec la Pyramide de l'architecte Pei qui vaut au pays son lot habituel de polémiques. Le président de la République annonce la création d'une grande bibliothèque. Le pouvoir de gauche, un an après la réélection facile de François Mitterrand, cet éternel moribond toujours ressuscité, a conquis plusieurs villes aux élections municipales. Si la droite et le centre, avec Valéry Giscard d'Estaing, ont dominé les élections européennes, le temps de l'alternance n'est pas revenu pour autant.

1. *Nous étions jeunes et insouciants*, *op. cit.*

L'alternance, c'est en jaune qu'elle se déroule sur les routes du Tour. Entre Laurent Fignon et Greg LeMond, la bagarre ne cesse pas pendant trois semaines. Greg LeMond est en jaune de Rennes à Cauterets, Fignon de Superbagnères à Gap, LeMond de Gap à Briançon et Fignon de Briançon à L'Isle-d'Abeau, avant le transfert vers l'Île-de-France. L'Américain a gagné deux étapes, le Français en remporte une et un jeune Espagnol dont on reparlera pointe le nez en gagnant l'étape Pau-Cauterets : Miguel Indurain. Le 14 juillet, c'est à Marseille qu'un autre Français, Vincent Barteau, commémore à sa façon le bicentenaire. La France est ravie, le spectacle est superbe. Mais Laurent Fignon perd le Tour. Les spécialistes ont calculé que les 8 secondes séparant pour l'histoire LeMond de Fignon équivalaient à 82,225 mètres de ces Champs-Élysées sur lesquels Fignon, qui devait mourir prématurément d'un cancer en 2010, à 50 ans, était resté longtemps allongé, K.-O. et incrédule.

La France va s'en remettre. La France va bien ou fait mine de le croire. En Eure-et-Loir, lors d'une élection partielle, le Front national va faire élire pour la première fois une députée, Marie-France Stirbois, au scrutin majoritaire. Le FN a déjà eu 35 députés en 1986, mais c'était au scrutin proportionnel. Les sujets de l'insécurité et de l'immigration commencent à infuser tout le discours politique français. À Montfermeil, en Seine-Saint-Denis, on assiste à une polémique sur le port du foulard islamique. Ce n'est que la première d'une longue série.

SILENCE, ON S'ENNUIE

Disons-le tout net : pendant ces années-là, on s'ennuie au mois de juillet. Quel exploit, pourtant, que celui de Miguel Indurain ! De 1991 à 1995, il parvient à gagner cinq Tours de France consécutifs. Anquetil, Merckx et Hinault eux-mêmes n'y étaient pas parvenus. Une incontestable performance, mais les scénarios manquent d'imagination et le Tour de sensations fortes ! Alors qu'il a été successivement 97e du Tour en 1987, 47e en 1988, 17e en 1989 et 10e en 1990, le Navarrais né en 1964 écrase la concurrence le huitième ou le neuvième jour de course grâce à une étape contre la montre qui semble avoir été dessinée pour lui. Ensuite, il contrôle ses adversaires dans la montagne sans plus jamais gagner une étape en ligne. Et il s'impose à Paris. Il semble être venu sur la route du Tour pour fêter son anniversaire le 16 juillet et repartir simplement avec un maillot jaune en cadeau. Sans faire de bruit, tout en modestie et en gentillesse. *L'Équipe* parle de son « panache tranquille » et le qualifie de « doux géant » ou d'« extraterrestre ». Dans le quotidien sportif, Philippe Bouvet résume : « Jamais, au cours de son règne, Miguel Indurain ne se força à franchir le premier une ligne d'arrivée. »

En 1991 à Alençon, en 1993 dans le froid du lac de Madine, en 1994 à Alençon et en 1995 entre Huy et Seraing, en Belgique, la même histoire recommence. En 1992, ce métronome du contre-la-montre, qui battra le record de l'heure deux ans plus tard à Bordeaux en parcourant 53,040 kilomètres, tue même la course à Luxembourg, au début de la deuxième semaine. Il met tous ses adversaires à plus de 3 minutes. Fin de partie pour la concurrence, qui n'est pourtant pas négligeable : au début de son règne, Miguel Indurain l'emporte sur Gianni Bugno et Claudio Chiappucci, alors que les anciens vainqueurs Laurent Fignon, Greg LeMond et Stephen Roche sont encore dans le peloton, raflant ici et là une étape en guise d'ultime lot de consolation. Puis arriveront sur le devant de la scène les Suisses Alex Zülle et Tony Rominger, le Russe Piotr Ugrumov et le Danois Bjarne Riis, ex-équipier modèle. Tous plus sulfureux les uns que les autres.

Et les Français, dans tout ça ? Ils ne sont pas ridicules, même si aucun n'est en mesure de succéder à Bernard Hinault. Pascal Lino vérifie en 1992 que le maillot jaune, qu'il garde pendant dix jours, offre à son porteur des ressources qu'il ne soupçonnait pas. Thierry Marie, Charly Mottet, Jacky Durand, Luc Leblanc, Laurent Jalabert et Richard Virenque gagnent des étapes. En 1995, Eddy Seigneur le bien nommé triomphe au sprint sur les Champs-Élysées. Richard Virenque enrichit sa collection de maillots à pois du meilleur grimpeur et Laurent Jalabert rapporte un deuxième maillot vert après une victoire époustouflante, le 14 juillet 1995, sur l'aérodrome de Mende où fut tournée en 1966 la dernière scène de *La Grande Vadrouille*, celle des planeurs[1]. Petit clin d'œil rieur à la Seconde Guerre mondiale alors que, deux jours plus tard, dans un discours grave et historique, Jacques Chirac, devenu président de la République, reconnaît le 16 juillet 1995 la responsabilité de la France dans la rafle du Vél' d'Hiv', ce lieu qui rime avec « cyclisme » et « déportation » : « Oui, dit Jacques Chirac, la folie criminelle de l'occupant a été secondée par des Français, par l'État français. »

Laurent Jalabert, dit « Jaja », ne gagnera jamais le Tour mais progressera vers les sommets après une rupture violente dans sa carrière. Pendant le Tour 1994, à Armentières, il fait lors d'un sprint une chute gravissime à cause d'un policier qui prend des photos. Triple fracture de la mâchoire, pommettes broyées, six dents cassées, deux semaines à l'hôpital ! Quand il remontera sur son vélo, il prendra moins de risques à 80 à l'heure dans les sprints mais finira deux fois meilleur grimpeur à l'époque de Lance Armstrong.

Armstrong ? Il est déjà là. En 1993, benjamin du Tour, il s'impose dans une étape à Verdun. L'année suivante, il récidive à Limoges et, deux doigts pointés vers le ciel, rend hommage à son coéquipier Fabio Casartelli, mort trois jours plus tôt dans la descente du col de Portet-d'Aspet. Il a déjà une allure de star,

1. Avec la célèbre réplique de Bourvil et Louis de Funès : « Y'a pas d'hélice, hélas — C'est là qu'est l'os. »

un talent fou, on comprend qu'on va reparler de ce jeune homme, sans pouvoir deviner jusqu'à quel point.

Pendant cette dernière décennie du XXe siècle, la France redécouvre la peur. Cette peur de la guerre qu'elle croyait à jamais réservée aux livres d'histoire. Dès janvier 1990, avec la première guerre du Golfe, elle entre de nouveau dans une période marquée par le terrorisme et vit la première mise en service du plan Vigipirate, devenu depuis un compagnon obligé de la vie quotidienne des Français.

Du 25 juillet au mois d'octobre 1995, les attentats islamistes se succèdent à Paris, à la station Saint-Michel du RER B, place Charles-de-Gaulle, sur le marché Richard-Lenoir, avenue d'Italie, à la station Musée-d'Orsay du RER C, et dans une école juive de Villeurbanne. Bilan : 8 morts, 200 blessés.

Au printemps 1990, alors que la barre des deux millions et demi de chômeurs est franchie, la France a aussi découvert la première femme Premier ministre, Édith Cresson, qui ne va passer que onze mois à l'hôtel Matignon. Elle n'était peut-être pas tout à fait au niveau de la tâche, mais ses petits camarades socialistes lui ont surtout bien « savonné la planche ». Quand, en 1992, Pierre Bérégovoy, qui a tout fait pour, la remplace, c'est trop tard pour la gauche. François Mitterrand va encore perdre les élections législatives en 1993 et le malheureux Pierre Bérégovoy, abandonné de tous et d'abord du chef de l'État, se suicide le 1er mai d'une balle dans la tête sur la berge du canal de la Jonction à Nevers.

Mitterrand affronte une nouvelle cohabitation, cette fois avec Édouard Balladur. Une cohabitation de velours, d'autant que la fin de la vie politique du président se profile. D'ailleurs, les monstres sacrés se retirent de la scène les uns après les autres : même Georges Marchais prend sa retraite. Mitterrand fait adopter ric-rac le traité de Maastricht, puis on découvre les ombres de son passé pendant l'Occupation, son cancer, l'existence de Mazarine et de sa seconde famille. Le roman politique français se porte bien. Pour sa troisième tentative, Jacques Chirac devient président de la République. Il a promis de résorber une « fracture sociale » qui se porte hélas fort bien près de vingt-cinq ans plus tard. Le 31 décembre, à l'occasion de ses ultimes vœux télévisés aux Français, Mitterrand prononce sa fameuse phrase : « Je crois aux forces de l'esprit et je ne vous quitterai pas. » On pleure dans les chaumières. On pleurera aussi le jour de la mort de l'ancien président un an plus tard, le 7 janvier 1996.

Miguel Indurain, lui, s'apprête à quitter les pelotons. Ce champion élégant, sage et sans aspérité n'a pas fait beaucoup rêver les foules, mais sa lucidité force l'admiration : « D'accord, j'ai gagné cinq Tours, dit-il. Mais je ne suis pas l'égal d'Anquetil, de Merckx et d'Hinault. On ne rattrape jamais ses idoles. » Son palmarès ne compte pas que cinq Tours de France : si, bizarrement, le Tour d'Espagne n'y figure pas, on y trouve deux tours d'Italie, le Dauphiné, le Midi libre, Paris-Nice, la Clásica San Sebastián et même un titre de champion olympique du contre-la-montre à Barcelone en 1992. Mais le gentil Miguel est trop lisse pour un monde du cyclisme qui aime la sueur et les larmes. Il a eu la malchance de devoir d'abord courir pour son leader Pedro Delgado, vainqueur demeuré suspect du Tour 1988, puis de tomber dans une époque déjà grise : « Ce n'était pas le meilleur moment pour gagner cinq Tours de France, dira Jacques Augendre. Mais à qui la faute ? À Indurain ? Bien sûr que non ! C'est un problème qui le dépasse. La faute à l'argent ? C'est plus vraisemblable… La faute aux médias, au bruit, à la gloire, à la vie telle qu'elle est devenue ? La faute au succès du Tour de France, qui est désormais retransmis jusqu'aux points les plus reculés du globe ? Oui, sûrement[1]… »

Les prochains protagonistes sont déjà entrés en scène, outre Lance Armstrong : Marco Pantani, son bandana, ses envolées en montagne, son originalité et ses excès ; Richard Virenque, petit coq tricolore adoré et belliqueux ; l'Allemand Jan Ullrich, qui va faire se retourner Henri Desgrange dans sa tombe en montant sur la haute marche du podium ; le Danois Bjarne Riis, passé comme par miracle de super-équipier à super-grimpeur ; sans oublier l'équipe Festina. Tout est en place pour la grande supercherie.

1. *Jacques Augendre. La mémoire du Tour de France*, Christophe Penot, *op. cit.*

LE CATACLYSME DE 1998

Personne n'aurait dû s'intéresser au Tour 1998. Cet été-là, il n'y en avait que pour les footballeurs. Le 12 juillet, alors que le Tour est parti la veille de Dublin avec un Chris Boardman vainqueur du prologue, la France gagne la Coupe du Monde de football dans un Stade de France enivré de bonheur. À domicile ! C'est le triomphe de ce qu'on appelle la « France black-blanc-beur ». Jacques Chirac, depuis le printemps 1997 et une dissolution catastrophe de l'Assemblée nationale, cohabite tant bien que mal avec Lionel Jospin. On sait comment se terminera l'histoire, avec Jean-Marie Le Pen en invité-surprise du second tour de la présidentielle en 2002. Mais, ce 12 juillet, la politique ne prend pas le dessus, même si Jacques Chirac se transforme en premier supporter des Bleus dans la tribune officielle, faisant de leur succès le tremplin de son retour en grâce. Le chef de l'État ne comprend pas grand chose au football mais il a tout de suite perçu que la « France d'en bas » et la « France d'en haut » communient et prient saint Zidane, saint Henry, saint Barthez, saint Petit et saint Trezeguet. La France va bien, on vous le jure, elle serait même d'un seul coup guérie de tous ses maux par la grâce du foot. Le taux de chômage, s'il est à la baisse, oscille tout de même autour de 12 %. En revanche, la confiance des ménages va décoller et la consommation avec, et pas seulement pour acheter les maillots des Bleus.

Le 14 juillet, sur la pelouse de l'Élysée, alors que les vainqueurs et leur sélectionneur Aimé Jacquet sont célébrés dans une joyeuse et indescriptible cohue (c'est bien la seule année où la qualité des invités a eu plus de succès que les buffets de produits régionaux !), l'ancien président de l'Assemblée nationale, Philippe Séguin, fan de foot mais aussi de vélo, s'interroge tout en chassant comme un gamin les autographes des héros du jour : « Jalabert peut-il prendre le maillot jaune ? »

Hélas, Jalabert ne prendra pas ce maillot jaune, qu'il a porté deux jours en 1995 et deux jours en 2000, avant une chute lors de l'arrivée de l'étape du Havre. Laurent Jalabert va quitter le Tour. Il ne sera pas le plus piteux de tous. Pas le plus glorieux non plus, car le 8 juillet (ce jour-là, les footballeurs français battent les Croates et s'ouvrent les portes de la finale grâce aux deux buts de Lilian Thuram), le soigneur de l'équipe Festina, Willy Voet, est arrêté par la douane française à la frontière franco-belge. Dans le coffre du véhicule, on trouve une incroyable pharmacie ambulante, plus de 400 flacons de produits dopants et stupéfiants, parmi lesquels 235 ampoules d'érythropoïétine (EPO), 120 capsules d'amphétamines (de vieux amis du monde cycliste), 82 solutions d'hormone de croissance, 60 flacons de testostérone et des corticoïdes à faire décoller un cheval dans l'Aubisque. Willy Voet avoue en garde à vue un dopage organisé et médicalisé au sein de l'équipe d'une des idoles des foules, le grimpeur varois Richard Virenque.

Tout va s'effondrer comme un château de cartes. Le directeur sportif de Festina, Bruno Roussel, est interpellé à Cholet lors de l'arrivée de la cinquième étape, puis mis en examen pour « administration et incitation à l'usage de produits dopants », de même que le médecin de l'équipe. Les organisateurs du Tour multiplient les cellules de crise.

Les coureurs de Festina sont sur la route du Tour, leur directeur sportif est en prison. Et il se met à table. Richard Virenque mais aussi Laurent Brochard, Alex Zülle, Laurent Dufaux, Armin Meier, Christophe Moreau, Pascal Hervé sont mis en cause. On devait parler de cols à monter, de secondes de bonification, peut-être même d'exploits et de panache. Oublions. Il n'est plus question que d'EPO – ce produit miracle qui augmente le nombre de globules rouges et permet une meilleure oxygénation des muscles –, d'injections et de taux d'hématocrite. Le 17 juillet, l'équipe Festina est exclue de la course par le directeur du Tour, Jean-Marie Leblanc, pour « manquement à l'éthique ». Pas de chance pour Bernadette et Jacques Chirac[1], qui avaient bataillé pour avoir le Tour de France chez eux, c'est en Corrèze que se déroule le psychodrame. Dans l'arrière-salle du café Chez Gillou, à Gare-de-Corrèze, commune de Saint-Priest-de-Gimel, canton de Sainte-Fortunade,

1. Voir *supra*.

500 mètres d'altitude moyenne, 496 habitants. Ce ne sera pas un haut lieu du Tour. Tout juste la commune où Richard Virenque, en pleurs devant les caméras, a juré qu'il reviendrait l'année suivante. Gilberte Boulègue, « Gillou », la patrone du café, n'a pas oublié la scène : « On aurait dit des gamins qui venaient de se faire prendre en faute », raconte-t-elle[1]. Elle suggère aux coureurs de sortir par la porte de derrière pour échapper à la meute des journalistes. « Richard Virenque m'a répondu : "Je suis rentré par la porte principale, je sortirai par la porte principale[2]". » Les « gamins » fautifs seront interrogés quelques jours plus tard par la police.

Le Tour continue dans une sale ambiance. Après Boardman, le maillot jaune s'est promené des épaules d'Erik Zabel à celles de Bo Hamburger puis de Stuart O'Grady, Laurent Desbiens et Jan Ullrich (vainqueur en 1997) et enfin Marco Pantani. L'affaire n'est pas terminée. Le 24 juillet, les hôtels et les camions de certaines équipes sont perquisitionnés. Ce n'est plus le Tour de France, c'est une enquête ambulante. L'équipe espagnole ONCE de Laurent Jalabert est visée, comme l'équipe néerlandaise TVM. Le 29 juillet 1998, les coureurs s'arrêtent au kilomètre 32 de l'étape Albertville-Aix-les-Bains, qui n'aura jamais de vainqueur. « Étape neutralisée », indique la littérature officielle du Tour. Il est question des « méthodes indignes de la police ». Vainqueur en 1996, Bjarne Riis joue les grands frères et parlemente avec la direction de la course.

1. *La Montagne*, 6 juillet 2016.
2. *Ibid.*

Bjarne Riis, le sculptural Danois ! Ceux qui ont crié au génie en le voyant s'envoler en 1996 dans la montée d'Hautacam s'en mordent encore les doigts. Il avait observé ses adversaires, venant à la hauteur de chacun, les narguant presque, puis s'était envolé. C'était beau. C'était faux. En l'espace de trente minutes, il avait développé une puissance que même Armstrong n'atteindra jamais. Tout cela était surnaturel, truqué, il l'avouera lui-même quelques années plus tard. Mais il a gardé son maillot jaune et sa place dans le palmarès. En 1998, il joue donc les intermédiaires entre les coureurs et le directeur de la course, Jean-Marie Leblanc. Plusieurs équipes préfèrent en rester là : ONCE, Banesto, Vitalicio, Kelme et Riso Scotti rentrent à la maison. TVM fera la même chose deux jours plus tard.

Les donneurs de leçons, les Savonaroles de juillet s'en donnent à cœur joie : entre deux unes sur les baisses d'impôts et « le combat culture du Front national », *Le Monde* en appelle le 25 juillet à l'arrêt de la course en titrant : « Le Tour de France discrédité ». *Libération* prépare aussi l'avis de décès et s'interroge sous la plume de François Armanet : « Cocaïne, morphine, amphétamines hier, EPO aujourd'hui, seule la gamme des produits a évolué, mais le dopage demeure intimement lié au Tour. On serait tenté de dire cette fois-ci que le Tour est mort, victime du "dopage d'entreprise" : Festina avait professionnalisé son usage avec une réussite insolente. Directeurs prescripteurs, médecins marrons, dealers circulant dans la caravane avec une totale impunité, après deux semaines de déballage sur la place publique, le monde idéal du vélo a fait place à un monde vénal. Faut-il alors arrêter ce vilain Tour[1] ? »

La Croix et les titres de la presse régionale prennent le contrepied, sans se voiler la face. C'est la bataille d'*Hernani* du vélo en même temps que le triomphe des nains de la route. Aix-les-Bains, Neufchâtel, La Chaux-de-Fonds, Autun, Montceau-les-Mines, Le Creusot, Melun, Paris, vite, qu'on en finisse ! Sur les Champs-Élysées, le maillot jaune de Marco Pantani a des couleurs délavées par les larmes. En cette année 1998, *Titanic* triomphe au cinéma devant *Le Dîner de cons*. Pour le cyclisme aussi, c'est l'année du naufrage. Et des conneries.

En octobre 2000, lors de son procès, Richard Virenque, auquel les Guignols de l'Info ont accolé la méchante expression « à l'insu de mon plein gré », qu'il n'a jamais prononcée, avoue enfin s'être dopé. Cela favorise sa relaxe et son retour dans le peloton, après neuf mois de suspension et 4 000 francs suisses d'amende. Le temps de gagner trois étapes de montagne, des maillots à pois (sept en tout) et même un Paris-Tours, la course des sprinters ! En 2003, l'année du centenaire, en pleine canicule, il porte même le maillot jaune une journée, entre Sallanches et l'Alpe d'Huez, avant d'en être dépossédé par Lance Armstrong. Willy Voet écopera de dix mois de prison avec sursis et Bruno Roussel d'un an avec sursis.

Le Tour de France a toujours peu ou prou vécu avec le dopage. Les frères Pélissier avaient affranchi

1. *Libération*, 25 juillet 1998.

le journaliste Albert Londres dès 1924[1]. On raconte souvent que les coureurs surveillaient de près ce qu'avalaient leurs adversaires pour être sûrs de ne pas rater le dernier produit efficace. En 1955, le Français Jean Malléjac tombe, inconscient, avant le sommet du mont Ventoux. Les journaux parlent ouvertement de « doping ». La direction de la course ouvre une enquête et publie un communiqué, demandant aux directeurs des équipes de « surveiller de très près les soins donnés à leurs hommes », de « contrôler tous les agissements des soignants rattachés à leurs équipes », de « s'opposer à l'emploi de certains produits qui n'auraient pas été délivrés sur ordonnance », notant que « ces règles générales paraissent ne pas avoir été respectées ». Jean Malléjac avait absorbé, non « du sirop de gomme mentholée et de la Formocarbine », comme l'affirma son soigneur avant d'être exclu, mais des amphétamines. En 1960, après sa chute dans la descente du Perjuret, on a trouvé du Palfium dans les poches de Roger Rivière, qui aurait dû être le grand rival de Jacques Anquetil.

En 1962, récidive : « Le service médical du Tour, ému par le nombre important de coureurs malades au départ de Luchon et présentant tous le même syndrome, ne peut qu'attirer leur attention sur certaines formes de soins et de préparation. » À Luchon, un nombre important de coureurs (dont l'ancien vainqueur Gastone Nencini), victimes de malaises, avaient mis en cause la nourriture de leur hôtel… Tout le monde comprend.

1. Voir *supra*.

La prise de conscience est telle que le cyclisme, en 1966, est le premier sport où sont diligentés des contrôles antidopage. À Bordeaux, en présence des forces de police, Raymond Poulidor est même le premier contrôlé ! Au programme, analyse d'urine et auscultation pour déceler d'éventuelles traces de piqûres. Il le raconte dans *La Gloire sans maillot jaune* : « On nous traite véritablement comme si nous étions des drogués. Aucune profession n'accepterait cela. Alors, entre Bordeaux et Bayonne, comme des métallos nous faisons grève. Habitués à coudre les dossards, nous avons assemblé, vaille que vaille, des banderoles à la fois drôles et vengeresses, comme "le Manneken Piss ne passera pas[1]". »

Sur les douze contrôles effectués pendant ce Tour 66, la moitié révéleront la présence d'amphétamines dans les urines. Mais on n'en trouvera pas dans celle de Poulidor. Les coureurs, Jacques Anquetil en tête, mettront pied à terre pendant l'étape pour protester. Anquetil a toujours affirmé haut et fort qu'on ne gagne pas le Tour à l'eau minérale : « Oui, je me suis dopé ! Un champion ne peut pas faire autrement. Ceux qui disent le contraire sont des hypocrites… Si on veut m'accuser de me doper, ce n'est pas bien difficile, il suffit de regarder mes fesses et mes cuisses, ce sont de véritables écumoires[2]. » Pour lui, c'était amphétamines. Comme pour Coppi, qui les mélangeait à du Kola Astier et en prenait « à chaque fois que c'était

1. *Op. cit.*
2. Dans *France Dimanche*, 1967.

nécessaire, c'est-à-dire tous les jours », selon Philippe Brunel[1]. En revanche, adepte avant l'heure d'un régime très strict, Coppi « s'alimente de viande marinée, de pulpe de fruits et de germes de blé », écrit Pierre Carrey dans *Le Tour de France à dévorer*[2], citant cette confidence du *campionissimo* en 1954 : « Si j'avais bu la moitié du vin qu'a bu Bartali, je serais déjà sous terre. »

Le 13 juillet 1967, sur ce mont Ventoux dont Pétrarque disait qu'il est « une masse abrupte, presque inaccessible[3] », Tom Simpson tombe pour ne plus jamais se relever. C'était un Anglais original et facétieux, heureux de vivre. Il avait gagné Bordeaux-Paris, le Tour des Flandres, Paris-Nice et le championnat du monde. Porteur du maillot jaune en 1962, il avait 30 ans et voulait à tout prix gagner le Tour de France. Il a titubé sur la route, dans le soleil de l'été. Des spectateurs, à sa demande et croyant bien faire, l'ont remis sur sa selle… Dans les poches arrière de son maillot de l'équipe de Grande-Bretagne, il y avait des amphétamines et de l'alcool. Des suiveurs l'avaient vu quelques heures plus tôt, dans la chaleur de ce 13 juillet, avaler de grandes lampées de cognac. « Le Ventoux est le plus grand révélateur de vous-même, écrit Paul Fournel dans *Besoin de vélo*[4]. Il vous restitue simplement votre fatigue et votre peur. Il sait tout de votre forme et de votre capacité au bonheur cycliste et au bonheur en général. C'est vous-même que vous escaladez. Si

1. *Rouler plus vite que la mort*, Grasset, 2018.
2. Éd. DirectVelo, 2016.
3. *L'Ascension du mont Ventoux*, Éd. Mille et une nuits, 2001.
4. *Op. cit.*

vous n'avez pas envie de savoir, restez au pied. » Tom Simpson, lui, n'est pas arrivé en haut du col, mais directement au ciel.

Le lendemain, dans *L'Équipe*, la vérité figure en toutes lettres. Jacques Goddet : « Nous nous étions demandé, déjà, si cet athlète qui, dans l'effort, prenait un aspect douloureux, ne commettait pas des erreurs dans la manière de se soigner. Le doping ? Les médecins diront si Simpson en usait, dans quelles conditions, à quel degré. Le refus du permis d'inhumer établissant une présomption grave, nous pouvons craindre la révélation publique d'un drame provoqué par un tel fléau. » Et Antoine Blondin : « Ce n'est pas avec des médailles ou des millions qu'on attire les hommes vers leur tombeau. »

Quelques années plus tard, le double vainqueur Bernard Thévenet révélera qu'il a abusé de la cortisone. Expliquant récemment dans *Vélo Magazine* : « Tu as 25 ans, on te dit : "Tu fais le Tour, tu vas te mettre à fond tous les jours, mais tu vivras peut-être cinq ans de moins." Quelle importance ? Quand on est jeune, on n'en a rien à foutre[1]. »

Ce même 13 juillet 1967, cela n'a rien à voir, un jeune secrétaire d'État quasi inconnu crée l'ANPE. Il s'appelle Jacques Chirac. Il se prépare, d'abord dans l'ombre de son mentor Georges Pompidou, à faire bien des tours de France politiques, avec succès, défaites, en grand champion qui attendra vingt-huit ans pour enfiler le maillot jaune électoral à l'Élysée.

1. Décembre 2018.

DES ANNÉES BLANCHES AUX ANNÉES GRISES

Ce sont des années dont on aimerait ne pas parler. Les « années Armstrong » et les suivantes. Blanches sur le palmarès, grises dans le souvenir, noires dans l'histoire du Tour. Mais surtout pas jaunes. Les années EPO, années triche, années escroquerie, années tristesse. Celles qui ont, sinon tué le Tour – qui possède un brevet d'immortalité –, du moins douloureusement amoché les rêves d'enfants.

Le journaliste Pierre Chany avait prévenu son confrère Serge Laget, grand spécialiste de la geste cycliste : « Le jour où un bourrin détrônera un pur-sang grâce à une piqûre, alors là, oui, le cyclisme sera en danger de mort[1]. » S'il n'était certes pas un « bourrin », Bjarne Riis avait-il pour autant le niveau pour gagner le Tour en 1996, lui l'équipier modèle de Laurent Fignon puis du sulfureux Evgueni Berzin, premier Russe à porter le maillot jaune ? Comme la plupart des champions, Riis avait un surnom dans le peloton mais ce n'était pas un

1. Cité dans *Le Bêtisier du Tour de France* de Serge Laget, Éd. du Rocher, 2010.

petit nom très affectueux : on l'appelait « Monsieur 60 % », en référence à son taux d'hématocrite dans le sang, dont on sait qu'il est augmenté par la prise d'érythropoïétine (EPO). Au-delà de 50 %, ce taux est suspect. En 2007, Bjarne Riis reconnaît s'être dopé à l'EPO. D'abord effacé des tablettes, son nom est réintégré dans le palmarès un an plus tard. « Riis a avoué s'être dopé », peut-on lire sur les documents officiels du Tour de France. Le Danois est aussi resté longtemps directeur sportif. On attend avec intérêt de voir comment il sera ou non honoré en 2021 lors du départ du Tour à Copenhague.

On croyait pourtant avoir tout vu avec Festina en 1998. On n'en était qu'aux zakouskis. Il faudrait boire le calice jusqu'à la lie, jusqu'au haut-le-cœur. Avec Lance Armstrong, l'homme qui plaçait dans son réfrigérateur ses doses d'EPO sans même chercher à les cacher, on passe en 1999 à un niveau d'organisation dans le dopage qui laisse pantois. Comme laissera pantois la manière dont les organisateurs, en 2009, dérouleront le tapis rouge pour que le coureur américain revienne courir le Tour. Certes, Armstrong est une star qui fait venir du monde sur le bord des routes. On le regarde comme on vient voir une bête curieuse et il fait grimper les audiences de la télévision. Mais à quel prix ?

Officiellement, le palmarès du Tour de France est donc vierge sept fois. Le nom de Lance Armstrong figure sur le document officiel distribué par Amaury Sports Organisation, mais il est sept fois rayé. En 1999, 2000, 2001, 2002, 2003, 2004, 2005, le Tour de France n'a pas eu de vainqueur. Sept cicatrices sur la plus belle course du monde. D'autres vainqueurs ont été déclassés et remplacés par leur dauphin : Floyd Landis par Oscar Pereiro en 2006[1], Alberto Contador par Andy Schleck en 2010. Très loin en arrière, la même mésaventure était survenue aux quatre premiers du Tour 1904, mais le dopage n'y était pour rien : Maurice Garin (déjà vainqueur du premier Tour en 1903), Lucien Pothier, César Garin et Hippolyte Aucouturier avaient été déclassés le 2 décembre 1904 sur décision de l'Union vélocipédique de France et Henri Cornet, 19 ans, déclaré vainqueur. On reprochait alors aux quatre premiers de la course d'avoir « contrevenu au règlement » à l'issue de trois folles semaines où des clous ont été jetés sur la route, des coureurs agressés par des spectateurs dans le col de la République (« Il faut tuer Garin ! » entendait-on dans la foule), tandis que certains prenaient parfois le train.

Après ce Tour, Henri Desgrange croit son « enfant » condamné à mort. « Le Tour de France est terminé et sa seconde édition aura, je le crains bien, été aussi la dernière, écrit-il. Il sera mort de son succès, des passions aveugles qu'il aura déchaînées, des injures et des sales soupçons qui nous auront valu des ignorants ou des méchants. Et pourtant, il nous avait semblé et il nous semble encore que nous avions édifié avec cette grande épreuve le monument le plus durable est le plus imposant du sport cycliste[2]. » Quand il

1. Voir *supra*.
2. *L'Auto*, 25 juillet 1904.

évoque aussi « les pires calomnies et les pires injures », le créateur du Tour ne se doute pas que l'histoire se répétera.

Le Tour a survécu à tout, preuve que les fondations étaient solides et l'osmose avec le pays immédiate et forte. Seul Armstrong n'a pas de remplaçant, effacé du palmarès pendant ces sept années où tant et tant d'événements petits ou grands viennent chambouler la France et le monde : le remplacement du septennat par le quinquennat, l'arrivée de l'euro, l'entrée de la parité et du principe de précaution dans la Constitution, l'invention de la téléréalité, la chute et donc la fin du Concorde, et surtout l'entrée dans l'ère du terrorisme avec les attentats du 11 septembre 2001 aux États-Unis.

Le 14 juillet 2002, le Néerlandais Karsten Kroon va gagner la huitième étape, à Plouay[1], quand, le même jour, un jeune militant d'extrême droite, Maxime Brunerie, tire sur le président de la République, Jacques Chirac, qui descend les Champs-Élysées avant le défilé militaire de la fête nationale. Un an plus tard, le même président est aux abonnés absents alors que sévit la plus forte canicule jamais enregistrée dans le pays, et dont les premiers effets se sont fait sentir sur les routes du centenaire du Tour. À Morzine, le 12 juillet, pour le retour en grâce de Richard Virenque qui gagne la septième étape et prend le maillot jaune, la chaleur est aussi étouffante en altitude qu'en plaine. La victoire de Richard Virenque devant une foule déchaînée est sympathique mais laisse perplexe.

1. En 2008, il reconnaîtra s'être dopé.

À quel moment le cyclisme est-il passé du dopage artisanal à coups d'amphétamines, qui ne modifiait pas la hiérarchie sportive, au dopage industriel qui bénéficiait aux plus riches et aux plus malhonnêtes, quitte à faire gagner un « bourrin » ? Sans doute au milieu des années 1980, quand arrive le dopage sanguin. Et, surtout, au milieu des années 1990, quand apparaît l'EPO. Laurent Fignon et Greg LeMond, cinq Tours de France à eux deux, livrent alors des témoignages similaires, racontant qu'ils ne parviennent plus à suivre le peloton dès que la route monte un peu, alors qu'ils se croyaient bien entraînés. De deux choses l'une : ou bien ils étaient « vieillis, usés, fatigués », comme Lionel Jospin le dit de Jacques Chirac en 2002 (comme quoi il ne faut jamais se fier aux apparences), ou bien « quelque chose » de nouveau était arrivé dans le peloton et on avait oublié de leur donner la recette de cette nouvelle potion magique. « De mon temps, écrit en 2009 le champion français dans *Nous étions jeunes et insouciants*, les formes de dopage étaient dérisoires et les exploits étaient considérables. Depuis une quinzaine d'années, c'est tout le contraire, les formes de dopage sont énormes et les exploits, eux, sont dérisoires[1]. »

Pour remplacer Lance Armstrong, de 1999 à 2005, il se révèle impossible de désigner un vainqueur. Et pour cause ! Tout le monde est suspect dans la liste des dix premiers et peut-être au-delà. Tous dans le même sac, les Zülle, Escartín, Dufaux, Ullrich, Beloki,

1. Laurent Fignon, *op. cit.*

Heras, Vinokourov, Klöden ou Basso. Ne parlons pas de Richard Virenque. Sur le site Internet du Tour de France, le nom de Lance Armstrong ne figure même plus pour rappeler ses vingt-deux victoires d'étapes, loin derrière les trente-quatre victoires d'Eddy Merckx. Il ne lui reste que ses succès à Verdun en 1993 et à Limoges en 1995. Ensuite, Lance Armstrong est parti pour un voyage que l'on craignait pour lui sans retour, face à face avec le cancer. Quand il est revenu, guéri, il est devenu le chantre de la lutte anti-cancer, avec les bons sentiments et le business qui allaient avec. Les Américains ont adoré.

C'est un Armstrong au visage émacié, à la silhouette amaigrie et musclée, professionnel jusqu'au bout des ongles, avec une revanche à prendre et pas seulement sur le cancer, avec une équipe à sa dévotion et beaucoup d'EPO, qui prend le départ du Tour au Puy-du-Fou en 1999 et va écrire pendant sept ans les pages de ce que beaucoup de suiveurs ont qualifié d'escroquerie bien avant les révélations du dopage par le quotidien *L'Équipe* en 2005[1], bien avant les aveux d'Armstrong le 17 janvier 2013 devant les caméras d'Oprah Winfrey sur CBS. Ce jour-là, il avance son explication : « L'utilisation de sang enrichi en oxygène était très utile, déjà, comme dans tout sport d'endurance. Mon cocktail était l'EPO, mais pas beaucoup, transfusions sanguines et testostérone. Que, dans un sens un peu bizarre, je justifiais avec mon histoire… Cancer des testicules et perdre… Je pensais compenser. »

1. « Le mensonge Armstrong », 23 août 2005.

Quelle idée se faire de l'insondable Lance Armstrong, machine à pédaler au sourire forcé et aux exigences de star auxquels n'auraient jamais songé prétendre Anquetil, Merckx ou Hinault ? « Un maillot jaune a une mission publique, juge le coureur Cédric Vasseur, leader du Tour pendant cinq jours en 1997. Il doit prendre un peu de temps pour saluer les élus locaux. [...] Cela fait partie de sa fonction. Sauf pour Armstrong. La Société du Tour fait preuve de trop de mansuétude à son égard. Et lorsqu'il se balade avec un garde du corps, ce n'est plus du vélo, c'est l'élection présidentielle[1]. » De même, peut-on ajouter, quand il redescend du sommet des cols en hélicoptère, avec la bénédiction de l'organisateur, ce qui augmente son temps de récupération. Quand on pense qu'Eddy Merckx dormait parfois dans un dortoir de lycée avec ses coéquipiers, et que l'organisation lui refusa un jour l'autorisation d'aller à l'hôtel ! Que penser de l'homme qui offrit un vélo à Nicolas Sarkozy et que reçut George Bush avec un maillot jaune bien en vue dans un sous-verre dans les salons de la Maison-Blanche ? Selon Jean-Emmanuel Ducoin, dans *L'Humanité*, Armstrong était « un cow-boy radioactif sorti de sa retraite. [...] Menteur, bateleur, voleur et expansionniste [...] un impérialiste de l'après-Reagan ». Selon Jean-Louis Le Touzet, dans *Libération*, c'était « l'homme qui pédale à la vitesse d'un batteur à œufs, après avoir distancé ses principaux rivaux, grâce à une accélération comparable à celle de la DS de Fantômas ».

1. Cité dans *Les Secrets du Tour de France*, *op. cit.*

Dans *Rouler plus vite que la mort*[1], le journaliste Philippe Brunel trace de Lance Armstrong un portrait glaçant. Outre le fait qu'on referme le livre en étant persuadé que le coureur américain (mais rien n'a été prouvé) a probablement, et d'autres avec lui, utilisé aussi le dopage mécanique (les fameux petits moteurs, grands comme une clé USB, qui tiennent dans le cadre du vélo ou dans le moyeu des roues !), c'est le portrait d'un homme. « L'homme était cynique, dénué de sentiments bienveillants. Il ne courait pas pour le plaisir, pour la poésie ou pour voir son nom peint sur la route de l'Alpe d'Huez, non, il roulait "pour l'argent" et le disait. Il se moquait du Tour, de sa société et de sa morale à deux sous. À ses yeux, ça n'était qu'une immense farce pour un public débraillé dont il souffrait l'haleine quand il le frôlait d'un peu trop près dans la montée des cols. » Philippe Brunel explique pourquoi, selon lui, Lance Armstrong était une double imposture : « Il ignorait que le Tour n'est pas unique. Il y a le Tour que l'on raconte et en filigrane un autre Tour métaphysique, sentimental et poétique, qu'on se raconte de telle sorte qu'il ne se battait pas seulement contre Jan Ullrich ou Marco Pantani mais à travers le temps, l'espace et les générations, contre le souvenir insistant de Jacques Anquetil, Charly Gaul ou de Luis Ocaña dont le spectre hante encore la descente du col de Menté, foudroyé par l'orage, contre ce chant lyrique et majestueux par lequel Eddy Merckx avait clamé sa joie et son amour du Tour, un jour du mois de juil-

1. *Op. cit.*

let 1969, par une longue échappée solitaire sur la route de Mourenx, dans la lumière incendiée des Pyrénées. »

Greg LeMond, qui fit de son combat contre Armstrong une affaire personnelle – après tout, le plus grand champion cycliste américain, c'est bien lui, qui n'a jamais été suspecté dans la moindre affaire de dopage – a résumé l'histoire d'une phrase terrible : « Armstrong, c'est l'histoire d'un type sans conscience qui a triché toute sa vie, qui croit que tout le monde triche et qu'on ne peut arriver qu'en trichant[1]. » Et qui accepte de faire une bonne action, à condition que tout le monde le sache : en 2000, l'Américain se retrouve avec Marco Pantani sur les pentes du mont Ventoux. Comme c'est souvent le cas quand un coureur est assuré de gagner le Tour, il laisse l'étape à son compagnon d'échappée et ne lui dispute la victoire que pour la forme. « Avec Armstrong, quelque chose d'irréparable s'était brisé dans le Tour de France 2000 après l'étape du mont Ventoux, écrit Philippe Brunel dans *Vie et mort de Marco Pantani*. En lui abandonnant ostensiblement la victoire, le Texan l'avait offensé. "Quand on fait cadeau d'une étape, on le fait avec discrétion, c'est une politesse que l'on doit à son adversaire, mais lui n'avait pas ce tact. Au Ventoux, il voulait bien me laisser gagner mais il fallait que tout le monde le sache[2]..." »

La mort de Marco Pantani le 14 février 2004, à seulement 34 ans, marquera davantage l'issue de la descente aux enfers d'un homme que le seul effet du dopage.

1. Cité par Philippe Brunel, *Rouler plus vite que la mort*, *op. cit.*
2. Grasset, 2007.

« Tué par une overdose de cocaïne et de déprime et par ce sentiment de honte et d'indignité dont il ne s'était jamais délivré », écrit Philippe Brunel[1].

Lance Armstrong prétend aussi avoir révolutionné son sport, avec sa manière de s'entraîner, de pédaler, ce qu'il appelait « la force mentale d'une équipe » et même, c'est un comble, « la façon de raconter des histoires au monde entier ». Ce qui est à la fois cynique et contestable. Selon Cyrille Guimard, ancien coureur devenu directeur sportif puis consultant, la fréquence rapide de pédalage d'Armstrong (puis de Froome) était déjà celle de Lucien Van Impe, vainqueur sous sa direction du Tour 1976. « Dire que lui seul a révolutionné le cyclisme, c'est nier l'histoire, la réécrire ! C'est un faussaire. Je lui dis adieu[2] », laissa tomber Marc Madiot lors de la retraite du Texan.

Les années qui suivent, on respire mieux. Un peu mieux. Les organisateurs font du « Tour du renouveau » un leitmotiv. Mais le doute s'est immiscé et ne se dissipera pas de sitôt. Tous les vainqueurs du Tour, dopés ou pas, suspects ou non, en font forcément les frais. Alberto Contador (l'année où la France élit un président vraiment fana de vélo, Nicolas Sarkozy), Vincenzo Nibali, Cadel Evans dominent tour à tour, avant que trois Britanniques aussi différents que possible les uns des autres viennent montrer qu'en cyclisme, il n'y a pas de Brexit qui tienne : Bradley Wiggins, le pistard devenu grimpeur ; Christopher Froome, né au

1. *Ibid.*
2. Cité par Jean-Louis Le Touzet, *Libération*, 24 janvier 2011.

Kenya, que le public de juillet aime tant détester et qui trimballe la suspicion avec ses quatre victoires ; enfin, Geraint Thomas le Gallois, qui redonne en 2018 un brin d'humanité à la victoire, deux semaines après le nouveau triomphe de l'équipe de France dans la Coupe du Monde de football.

Dans ces années de relative indifférence pour le Tour, le peloton ne manque pas de continuer à s'inscrire dans l'histoire de France : en 2014, en lien étroit avec la Mission du centenaire de la Première Guerre mondiale, sept étapes sont consacrées aux terres meurtries de la guerre de 1914-1918. D'Ypres à Arras, Reims, Épernay, Tomblaine, des Flandres aux Vosges, le Tour est en pèlerinage. Là, il redevient grand, comme on l'aime. Une fois de plus, il fait corps avec la France. Au Chemin des Dames comme sur la Voie sacrée ou en traversant Douaumont, à Verdun, la caravane publicitaire plonge dans le silence et ne distribue pas de casquettes ni de mini-saucissons. À Gérardmer, le jeune Français Blel Kadri, l'un des rares coureurs issus des banlieues, gagne l'étape. À Mulhouse, un autre Français, Tony Gallopin, prive pour une journée Vincenzo Nibali de son maillot jaune.

Deux ans plus tard, l'actualité tragique rattrape le Tour : après l'attentat terroriste de Nice qui fait 86 morts et 458 blessés durant le 14 Juillet, les coureurs observent une minute de silence, tandis que des forces de l'ordre sont envoyées en renfort pour protéger la course. On se demande même si le Tour ne va pas être obligé de s'arrêter. Cette fois, avant la deuxième victoire de Christopher Froome, c'est le terrorisme qui vient gâcher la fête. Le 26 juillet, le Tour est revenu à Paris depuis deux jours lorsque le père Jacques Hamel est égorgé dans l'église de Saint-Étienne-du-Rouvray. La France est surtout préoccupée par le terrorisme et le Tour de France devient alors bien dérisoire, d'autant qu'il n'a pas été très passionnant.

Soyons francs, pour y croire de nouveau, il va falloir que le peloton fasse ses preuves, même si, selon le « Mouvement pour un cyclisme crédible », le cyclisme termine « seulement » treizième des sports les plus dopés en 2018. Dès 2013, un rapport du Sénat pointait du doigt le fait que le cyclisme, après sa période noire, était devancé en pourcentage de contrôles positifs par le rugby, le football, l'athlétisme, le triathlon et le basket-ball[1]. Mais les mauvaises réputations ont la vie dure. C'est le drame du Tour et du cyclisme : même quand le coureur est « propre », la suspicion demeure. « Le sparadrap du dopage nous colle à la peau », reconnaît Christian Prudhomme en notant que, pour beaucoup de jeunes adultes, les premiers souvenirs du Tour renvoient à l'affaire Festina en 1998 et à Lance Armstrong[2]. Pas de quoi leur donner envie d'applaudir les géants de la route.

Pourtant, depuis 2010, le ménage semble bien avoir été engagé. Le cyclisme est sans conteste le sport qui a fait le plus pour combattre le fléau, y compris, récemment, lorsque l'Union cycliste internationale a décidé

1. « Lutte contre le dopage : avoir une longueur d'avance », rapport sénatorial déposé le 17 juillet 2013.
2. Entretien avec l'auteur, 11 février 2019.

d'interdire l'antidouleur Tramadol, que l'Agence mondiale antidopage ne se résout pas à inscrire sur la liste des produits interdits et dont d'autres sportifs usent et abusent au vu et au su de tous. Mais des cas de dopage sanguin dans le cyclisme ont encore été découverts en février 2019. Si la lueur d'espérance existe, elle reste fragile.

Y AURA-T-IL UN FRANÇAIS POUR DOPER LE TOUR ?

« L'année prochaine, on donnera de nouveau le signal du départ et l'année suivante également et ainsi de suite, de printemps en printemps, la féerie se perpétuera. Jusqu'au jour (mais serons-nous encore vivants ?) où les personnes raisonnables diront qu'il est absurde de continuer ; à cette époque-là, les bicyclettes seront devenues rares, de vieux morceaux de ferraille presque comiques, utilisés par quelques rares maniaques nostalgiques, et des voix s'élèveront, qui tourneront le Giro en dérision. » L'écrivain Dino Buzzati parlait en ces termes du Tour d'Italie[1], mais il aurait pu écrire la même chose du Tour de France. C'était il y a soixante-dix ans. Il avait tort. Comme le Giro, le Tour de France est toujours là et bien là, ayant survécu à tout : aux clous sur la route, à deux guerres mondiales, aux remous de la politique, à la mondialisation économique, aux scandales du dopage.

Comble de l'ironie, non seulement les bicyclettes ne sont pas réduites à ces « vieux morceaux de ferraille

1. *Sur le Giro 1949*, *op. cit.*

presque comiques » qu'il décrivait en 1949, mais elles sont devenues très « tendance ». Vélos en libre-service dans la plupart des grandes villes, voitures chassées du cœur des métropoles, coût du carburant, économies d'énergie, réchauffement de la planète : la bicyclette, instrument populaire par excellence, est devenue le moyen de transport préféré de ceux que l'on appelle les « bobos ».

Lorsqu'une ville étrangère pose sa candidature pour organiser le départ du Tour, explique Christian Prudhomme[1], elle le fait pour la course et la publicité mondiale que celle-ci va lui apporter, mais aussi pour mettre en place une politique urbaine qui porte le vilain nom de « mobilités douces ». Ce fut le cas pour Londres en 2007, d'Utrecht en 2015, ce sera le cas pour Copenhague en 2021. Ce réflexe-là n'est pas encore présent en France : « Les candidatures françaises veulent la mise en valeur des territoires. Pour les étrangers, elles correspondent à un projet global de développement du vélo », explique Christian Prudhomme.

Pourtant, on vend en France 6 600 bicyclettes par jour. Le marché, avec le développement du vélo électrique (formellement déconseillé aux coureurs !), ce sont 3 000 entreprises, 80 000 salariés et plus d'un milliard d'euros de chiffre d'affaires annuel ! Avec tant de cyclistes, on voit mal comment l'intérêt pour le Tour de France pourrait se démentir, même si emprunter un Vélib' à Paris ou un Vélov' à Lyon n'oblige pas à applaudir le peloton des coureurs. Il va même falloir,

1. Entretien avec l'auteur, 11 février 2019.

explique Christian Prudhomme, faire se rejoindre « la bicyclette du quotidien et le vélo du champion ». Dans certains pays, comme le Japon, le cyclisme est un sport d'élite. En France, il reste marqué par son histoire populaire et rurale. Les « élites » continuent de le regarder avec un rien de condescendance, tout en fermant les yeux et les oreilles pour ne pas risquer de savoir s'il y a aussi du dopage dans le football ou le tennis.

Le Tour de France n'est pas menacé de mort. Malgré la succession d'affaires de dopage, le public est toujours là. Dans les sondages, 49 % des Français disent « aimer » le Tour de France (63 % des hommes et 36 % des femmes)[1]. Mais ils l'aiment moins qu'avant : 59 % disaient l'aimer en 1964, l'année du duel Anquetil-Poulidor, 52 % en 2007, 49 % en 2008, 44 % en 2010. Ils aiment le Tour mais sont sans illusions. À la question « Peut-il se courir sans dopage ? », 84 % des personnes interrogées répondent par la négative.

Sur le bord des routes, le public est toujours aligné pour ce spectacle itinérant et gratuit qui transporte avec lui tout le parfum de l'enfance. En 2018, il y eut sans doute, de l'aveu de plusieurs suiveurs, un peu moins de monde, mais les raisons de sécurité de plus en plus draconiennes peuvent en partie expliquer. Les sponsors sont toujours présents, même s'il y a eu quelques hésitations après 1998. Quand l'un arrête, comme les magasins Champion pour le maillot à pois du meilleur grimpeur en 2019, un autre (Leclerc) prend le relais.

1. Ifop, 2014.

Le dopage ne les a pas fait fuir. France Télévisions réalise toujours de grosses audiences pendant les trois semaines de juillet, ainsi que la chaîne Eurosport et la chaîne L'Équipe, même si les résultats ont été en légère baisse en 2018, avec un pic de plus de cinq millions de téléspectateurs sur France 2 pour la victoire du Français Julian Alaphilippe à Bagnères-de-Luchon et une moyenne quotidienne de 3 300 000 téléspectateurs. Retransmis dans 190 pays, le Tour de France reste, avec les Jeux olympiques et la Coupe du Monde de football, l'un des trois plus grands événements sportifs de la planète.

Devant leur écran de télévision, plus de la moitié des téléspectateurs avouent regarder surtout le Tour « pour les paysages ». Le 1er juillet 2013, pour l'étape d'Ajaccio-Calvi, on a compté autant de téléspectateurs que pour une étape de montagne, et le décor valait le coup d'œil. Si le Tour de France suscite moins de passions qu'auparavant, la France du Tour continue de faire rêver : les champs, les vignes et les troupeaux, les montagnes et les fleuves, les églises romanes, le Galibier et le Tourmalet, les châteaux médiévaux et les ponts suspendus, la cathédrale de Strasbourg, les falaises d'Étretat, les hospices de Beaune, le pont du Gard, les rayons de soleil dans un champ de blé et les décorations réalisées dans les champs par les agriculteurs inscrivent plus que jamais la Grande Boucle dans le patrimoine, la leçon d'histoire et le cours de géographie. C'est Vidal de La Blache, Lagarde et Michard, Malet et Isaac magnifiés par les caméras de Jean-Maurice Ooghe et les commentaires érudits qui prennent, d'année en année, de plus en plus de place. Oui, l'éternelle redécouverte de la France est sublime. Le Tour, c'est comme la galette des Rois, le muguet du 1er Mai, la fête des Mères, le bal du 14 Juillet et le passage du père Noël. Pour chacun, quelles que soient ses croyances, ses convictions et ses passions sportives, c'est un petit morceau du patrimoine national reçu à domicile, « en vrai » ou à la télévision. Que resterait-il de juillet sans le Tour, si un jour l'Union cycliste internationale, prise de folie, changeait les dates de la course ?

Le Tour réveille les villages endormis, illumine des chefs-lieux de cantons méconnus, fait sonner les cloches des églises où il n'y a souvent plus de prêtre pour célébrer la messe, puis fonce vers les ronds-points, les entrées de villes massacrées par la laideur des zones industrielles et des panneaux publicitaires, jusqu'à la flamme rouge et la ligne d'arrivée. Car si le Tour ressemble à la France, il est aussi le reflet d'un pays qui change et souffre. Il comble de plaisir une France rurale mais a du mal, pour des raisons de logistique, à trouver sa place en ville. Il intéresse moins dans les banlieues ; le cyclisme n'est pas devenu, ou pas encore, un sport black-blanc-beur. Avec de rares exceptions. Grâce à la bataille des jeunes de l'association « Media Pitchounes », qui militait depuis des années « pour que le Tour passe au pied des tours », la Grande Boucle traversera à Toulouse le quartier populaire de Bagatelle au Mirail le 18 juillet 2019, après le départ de la douzième étape Toulouse-Bagnères-de-Bigorre. Le lendemain, en guise de clin d'œil, les cent ans du maillot jaune seront célébrés à Pau et le maillot jaune sera marqué chaque jour, sur la poitrine de celui qui le portera, d'un emblème du patrimoine national.

Mais la France se transforme et Argenteuil, dans le Val-d'Oise, est la seule ville de plus de 100 000 habitants à n'avoir jamais accueilli le Tour. Certes, il est difficile d'organiser des arrivées d'étapes dans les banlieues, à cause des équipements urbains, des contraintes de place, de circulation, de sécurité et de stationnement. Mais il faudra bien que le Tour trouve le moyen de ne pas ressembler seulement à la France rurale, même si son rôle pour cette France-là dépasse largement le cadre sportif et festif.

Depuis quelques années, Christian Prudhomme affirme rencontrer une fierté de plus en plus grande de la part des élus et des populations des régions traversées par le Tour, sur l'air de « vous, au moins, vous ne nous oubliez pas ». Il confie : « On me dit de plus en plus souvent merci[1] », sans prétendre pour autant avoir vu monter ce mouvement des « Gilets jaunes » qui vient faire une étrange concurrence au maillot de la même couleur, mais celui-ci, pacifique en diable, a tout de même cent ans d'avance…

Ancien directeur de l'épreuve, Jean-Marie Leblanc l'avait déjà théorisé : « Il est de la vocation du Tour d'insuffler un élan à ces coins de France trop souvent oubliés. » C'était en 1995, alors que Jacques Chirac parlait de résorber la « fracture sociale » avec le manque de réussite que l'on sait. Le géographe Christophe Guilluy n'avait pas encore accroché le terme « France

1. Entretien avec l'auteur, 11 février 2019.

périphérique » sur ces territoires ni Marine Le Pen assis ses succès électoraux sur ce qu'elle appelle « la France des invisibles ».

Dans beaucoup des villages traversés par le peloton, il n'y a plus de bureau de Poste, plus de maternité, plus de commerces, parfois plus d'école ni de médecins, plus de cafés. Mais il reste le Tour de France, une fois de temps en temps. En prime, la route est refaite pour l'occasion, c'est toujours ça de pris. Le jour J, rien de plus fugace. Le Tour de France est d'abord une longue attente, il se mérite, comme l'avait déjà noté Maurice Leblanc, le père d'Arsène Lupin, en 1922 : « Ce jour-là, mon plaisir est différent. Je gagne la route qui part d'Étretat vers Le Havre, et j'établis mon poste d'observation entre les deux hautes murailles de pierre et de verdure qui bordent la longue et rude côte. Les héros du Tour de France doivent passer là. J'attends[1]. »

Les spectateurs ont tout juste le temps de voir passer la course, dans ce bruit caractéristique de bourdonnement d'abeille, et de tenter de repérer le maillot jaune. Ils sont heureux, même si ça ne dure pas très longtemps. Quand le peloton est passé, ils saluent les voitures suiveuses, celles des directeurs sportifs et celles de la presse. Puis ils font « coucou » aux hélicoptères de la télévision. La France du Tour sort les fanions tricolores et oublie les drapeaux en berne, décore les maisons, plante le parasol et sort la glacière. « Le plus dur, en roulant, c'est de sentir les barbecues et la

1. *L'Auto*, 20 juillet 1922.

merguez toute la journée, surtout en montagne. Dans ces cas-là, je suis pressé de rentrer chez moi pour en faire quelques-uns », confie Thibaut Pinot, futur vainqueur possible, à Pierre Carrey[1]. La France du Tour est toujours là, fidèle en émotion, généreuse en dévotions, trinquant à la santé de champions dont, souvent, elle ne connaît même pas les noms. Peu importe. Pour le Tour, la France a toujours aimé se faire belle.

Mais il ne faut pas se raconter de fadaises. Les organisateurs ont beau promettre chaque année depuis 1998 un « Tour du renouveau », le rêve en a pris un coup. Pas tant à cause du doute qui pèse sur les exploits sportifs que de l'absence d'exploits. Et de véritable suspense. Assiste-t-on à une belle échappée ? Sauf exception, on sait qu'elle n'ira pas au bout et que les équipes de sprinters (même avec des équipes réduites de neuf à huit coureurs depuis 2018) vont « recoller ». Les organisateurs prévoient-ils une superbe étape de montagne avec quatre cols ? On sait que les favoris se neutraliseront pendant les trois premières ascensions et lanceront deux ou trois attaques dans la dernière pour tenter de gagner l'étape ou de grappiller quelques secondes au classement général. Se demande-t-on pourquoi telle équipe roule à tombeau ouvert derrière des échappés, alors qu'elle n'a pas de maillot jaune (ou vert, ou à pois) à défendre ? Il faut aller chercher dans les dix premiers du classement général : dans la dernière semaine du Tour, ayant remballé toute ambition, certains en sont

1. *Le Tour de France à dévorer*, *op. cit.*

réduits à courir pour défendre une septième ou une huitième place, ou conforter une place au classement par équipes. On est passé de la prise de risques à l'opération petits bras.

Paradoxalement, les retransmissions télévisées des étapes en totalité n'ont pas « dopé » la course. Un coureur qui a « montré le maillot » pendant dix ou vingt kilomètres sait que son employeur sera content de lui. Pourquoi vouloir aussi tenter de gagner l'étape ? Mais soyons justes, si l'équipe britannique Sky de Wiggins, Froome et Thomas écrase la course depuis 2012, elle n'est pas la première. Avec Faema puis Molteni, Merckx mangeait tout aussi. Puis Hinault avec l'équipe Renault. Et si les étapes de 1934, 1957 ou 1982 avaient été retransmises intégralement à la télévision, on ne se serait pas passionné non plus tous les jours. Avec le recul, on ne retient que les grands moments, ceux qui appartiennent aux albums photo et à l'histoire de la course. Ceux qu'on retrouve dans les livres. Mais s'il est vrai que « l'ennui naquit un jour de l'uniformité », comme l'écrivit ce bon Houdar de La Motte, alors le Tour de France doit tout de même faire attention à lui. D'autant que, certaines années, comme en 2018, le Giro d'Italie et la Vuelta espagnole sont autrement plus disputés et donc intéressants. Une sourde concurrence monte d'ailleurs entre le Giro et le Tour, chacun copiant l'autre pour mériter le titre de « course la plus dure[1] ». Mais le Giro, ne serait-ce

1. *Giro. La course la plus dure du monde*, Pierre Carrey, Hugo Sport, 2019.

que pour des raisons de calendrier, n'est pas près de prendre la place du Tour.

Pour relancer l'intérêt sportif, à défaut d'espérer l'interdiction des oreillettes ou des capteurs de puissance, qui limitent tout effet de surprise et bien des renversements de situations, de rêver d'équipes de seulement cinq coureurs (les sponsors risquent de ne jamais vouloir !) ou de la disparition du classement par équipes, il faut rêver d'une victoire française, attendue depuis le dernier succès de Bernard Hinault en 1985. Trente-quatre ans de disette ! Avant la Seconde Guerre mondiale, la France (quinze victoires), la Belgique (douze), l'Italie (trois) et le Luxembourg (trois) avaient monopolisé la plus haute marche du podium. La Suisse est arrivée en 1950 et 1951 avec Ferdi Kübler et Hugo Koblet, sans jamais récidiver. L'Espagne, avec Federico Bahamontes en 1959 puis Luis Ocaña, Pedro Delgado, Miguel Indurain, Oscar Pereiro, Alberto Contador et Carlos Sastre, est entrée dans le club des « grands » du Tour. Les Pays-Bas se sont fait une petite place avec Jan Janssen en 1968 puis Joop Zoetemelk en 1980. Les États-Unis ont enfin eu un vainqueur avec Greg LeMond en 1986, qui fit monter les audiences des télévisions outre-Atlantique et saliver les sponsors européens à la perspective des marchés à conquérir. Avec Lance Armstrong, ce furent triomphe et douche froide. L'Irlande s'est imposée en 1987 avec Stephen Roche, le Danemark en 1996 grâce à Bjarne Riis, l'Allemagne en 1997 avec Jan Ullrich, l'Australie en 2011 avec Cadel Evans, enfin la Grande-Bretagne en 2012 avec Bradley Wiggins. Et c'est un mois après le vote du Brexit que Christopher Froome, dit « Vroom » en raison de ses démarrages de mobylette, remporta en 2016 son deuxième Tour.

La mondialisation est là et la vieille Europe aura de plus en plus de mal à se faire une place, dans ce domaine-là comme dans les autres. Le Canada, la Pologne, le Portugal, la Colombie, l'Estonie, la Norvège, l'Ukraine, la Slovaquie, l'Afrique du Sud ont aussi eu des champions porteurs du maillot jaune. Des étapes ont été gagnées par des coureurs de trente-trois pays, dont le Mexique, le Brésil, l'Ouzbékistan et le Kazakhstan. En 2009, deux coureurs japonais ont terminé le Tour de France : Fumiyuki Beppu et Yukiya Arashiro. En 2014, le Chinois Ji Cheng a terminé dernier (la « lanterne rouge », comme on dit) à plus de six heures du vainqueur, Vincenzo Nibali. Son équipe, Giant-Shimano, avait fait une belle opération de communication. En 2015, l'Érythréen Daniel Teklehaimanot a terminé quarante-neuvième. Le Rwanda est candidat pour organiser les Championnats du monde de cyclisme en 2025. Qui aurait imaginé cela, en cet été 1994 où se déroulait le massacre des Tutsis tandis que Miguel Indurain gagnait son quatrième Tour de France ? Ce n'est pas un hasard non plus si, après le Kazakhstan et l'équipe Astana, Bahreïn, Israël, les Émirats arabes unis ont créé leur propre équipe et si la saison cycliste démarre désormais en Australie et aux Émirats arabes unis avec quelques-uns des meilleurs coureurs, avant les retrouvailles de Paris-Nice puis de Milan-San Remo. Le rêve de Christian Prudhomme, c'est de voir dans dix ans « le même Tour mais avec une équipe d'Afrique noire et une équipe chinoise, qui continue de passer à Craponne-sur-Arzon[1] mais avec des équipes venues du bout du monde ».

La France reste le pays qui compte le plus de victoires (36 Tours sur 105 et 705 étapes sur 2 181). Les coureurs français Thibaut Pinot (troisième et meilleur jeune en 2014), Romain Bardet (deuxième en 2016, troisième en 2017) et Julian Alaphilippe, meilleur grimpeur en 2018, savent donc ce qu'il leur reste à faire. Ils sont (presque) au niveau de la plus haute marche du podium. Derrière eux, tandis que Tony Gallopin est le dernier Français à avoir porté le maillot jaune (c'était en 2014), une belle génération monte avec Warren Barguil, David Gaudu, Lilian Calmejane, Alexis Vuillermoz, Arnaud Démare, Bryan Coquard et Nacer Bouhanni.

Avant eux, on a connu une génération sacrifiée, qui savait que face aux coureurs dopés à l'EPO, elle n'avait aucune chance, puisque les coureurs français avaient décidé de ne pas manger de ce pain-là après l'affaire Festina. Au fil des années, Jean-François Bernard, Vincent Barteau, Romain Feillu, Frédéric Moncassin, Jean-Patrick Nazon, Thomas Voeckler, Pascal Lino, Sylvain Chavanel (recordman du Tour avec ses dix-huit participations), Sandi Casar, Jacky Durand, Charly Mottet et Jean-Christophe Péraud ont fait ce qu'ils ont pu. « Peu importaient les résultats. Le mot d'ordre qui prévalait au sein des groupes français, écrit Philippe Brunel, était de ne rien faire qui contrevienne à l'éthique d'un Tour de France en péril, vitupéré par les

1. Commune de 2 129 habitants en Haute-Loire.

moralistes. Les Français l'abordaient à reculons, comme on se rend à l'abattoir, en ressortaient défaits, floués dans leurs aspirations[1]. » Selon lui, « les dés étaient pipés », puisque les équipes françaises voulaient être exemplaires et tous ces coureurs de talent, obsédés par l'improbable succession de Bernard Hinault, ont été « les cocus de l'histoire ». Mais l'histoire n'a peut-être pas dit son dernier mot.

---

1. *L'Équipe*, 14 février 2019.

ÉPILOGUE

Houilles, 29 juillet 2018. La dernière étape du Tour de France va démarrer pour rejoindre Paris. La cloche qui, au village-départ, donne le signal vient de retentir. C'est l'une des survivances de l'époque ancienne, comme l'ardoisier qui inscrit toujours à la craie les écarts creusés par les échappés, et les épingles à nourrice pour accrocher les dossards des coureurs.

Sur la ligne de départ, le vainqueur Geraint Thomas évolue dans une relative indifférence, mais les insultes et les sifflets entendus pendant la première semaine du Tour contre les coureurs de l'équipe Sky, singulièrement contre Chris Froome, ont disparu. À l'applaudimètre, Peter Sagan et Julian Alaphilippe sont plébiscités. Au-delà du fait que le premier porte le maillot vert et le second le maillot à pois du meilleur grimpeur, ce n'est pas un hasard : l'un et l'autre font le spectacle, ne manquent pas de panache et s'inscrivent dans l'histoire du Tour. Le public sait toujours reconnaître les siens et il aime Peter Sagan, car Sagan est une star. Comme Armstrong, à sa manière hélas, était une star. Pour l'heure, le peloton, notamment côté français, manque de stars. Le Kylian Mbappé du vélo ne s'est pas encore fait connaître.

Pendant cent quinze kilomètres, coureurs et suiveurs évoluent entre deux rangées serrées de spectateurs. Dans la traversée de Poissy et devant le château de Rambouillet, toute la population semble avoir mis le nez dehors pour acclamer le peloton des « géants de la route ». Dans les étapes de plat, les coureurs vont de plus en plus vite. Le 7 juillet 1999, la barre des 50 kilomètres-heure de moyenne a même été franchie : 50,355 kilomètres-heure pour Mario Cipollini entre Laval et Blois. Le vent, il est vrai, soufflait de dos très fort et tout suiveur qui sacrifiait à une pause pipi était ce jour-là menacé de ne jamais revoir l'arrière du peloton.

Dans la dernière étape, le rythme ralentit un peu. « S'il vous plaît, une casquette ! » implore un gamin sur une pancarte. Il rentrera sans doute bredouille, mais il aura vu le Tour, des motards de la gendarmerie nationale, tous feux allumés, à la voiture-balai. Fidèle à ce qui est désormais une tradition, l'équipe du vainqueur vient offrir une coupe de champagne à chaque suiveur. La dernière étape ne sert sportivement à rien, si ce n'est à récompenser un sprinter sur les Champs-Élysées, en 2018 le Norvégien Alexander Kristoff. On regrette l'étape contre la montre qui pouvait, le dernier jour, bouleverser l'ordre d'arrivée, comme en 1989.

C'est ainsi : la dernière étape n'est plus qu'un défilé de la victoire, une sorte de tour d'honneur avant de voir la tour Eiffel, ce moment dont tous les coureurs disent qu'il leur donne la chair de poule, car il signifie qu'ils ont tenu trois semaines. Sur le bord de la route, on ne voit pas une foule de supporters mais un rassemblement compact et bon enfant d'admirateurs venus pour ce que Jean d'Ormesson appelle dans *Au plaisir de Dieu* « la chenille processionnaire » de juillet, applaudissant ces hommes que les lunettes et le port du casque rendent difficilement identifiables.

Mais il y a l'ambiance, le bruit des patins de freins et des changements de dérailleurs, celui du vent dans les roues, ce petit frisson auquel nul n'échappe. Ces spectateurs, tout au long des 4 000 et quelques kilomètres de la course, présentent une caractéristique qui frappe tous ceux qui suivent des étapes de la course : ils sourient. Ils sourient, alors que la France est devenue si morose et boudeuse, sauf quand les Bleus gagnent la Coupe du Monde de football. Si désunie, sauf au lendemain des attentats terroristes.

Si un coureur français gagne le Tour, comme au temps de Leducq, Bobet, Anquetil et Hinault, et ramène à Paris le maillot jaune centenaire, cette France qui ne s'aime plus, prompte à l'invective, pourra peut-être garder ce sourire au-delà de trois semaines et se dire qu'elle peut encore gagner des courses au temps de la mondialisation, et pas seulement des courses cyclistes.

En osmose parfaite depuis 1903 et plus encore depuis cent ans que le maillot jaune existe, le Tour de France et la France du Tour doivent soigner les mêmes maux au même moment. De même que François Hollande, avant son élection à la présidence de la République, souhaitait « réenchanter le rêve français » (ça n'a pas marché), le Tour a lui aussi besoin d'un petit coup de réenchantement. Mais, quoi qu'il arrive, Antoine Blondin l'a dit : « On ne guérit jamais du Tour de France. »

La France est fracturée, déchirée, malheureuse, nostalgique de sa grandeur passée et comme à la recherche d'une renaissance. Le Tour doute, même si c'est en silence et dans le déni, et cherche du regard le ou les grands champions qui pourraient lui redonner le lustre d'autrefois. Le combat de l'une, comme toujours, est aussi le combat de l'autre. Ainsi la (grande) boucle est-elle bouclée.

BIBLIOGRAPHIE

AUGENDRE Jacques, CORMIER Jean et DE LASSUS Symbad, *Antoine Blondin. La légende du Tour*, Éd. du Rocher, 2015.

BERNARD Michel, *Mes Tours de France*, La Table ronde, 2014.

BERNARD Tristan, *Compagnon du Tour de France*, Arthaud, 1935.

BLONDIN Antoine, *Tours de France. Chroniques de L'Équipe. 1954-1982*, La Table ronde, 2001.

BOBET Jean, *Le Vélo à l'heure allemande*, La Table ronde, 2007.

BŒUF Jean-Luc et LÉONARD Yves, *La République du Tour de France*, Éd. du Seuil, 2003.

BOURGIER Jean-Paul, *1919, le Tour renaît de l'enfer*, Le Pas d'oiseau, 2014.

BRIQUET Georges, *Ici, 60 ans de Tour de France*, La Table ronde, 1963.

BROUCHON Jean-Paul, *Les Merveilleuses Histoires du Tour de France*, Éd. Jacob-Duvernet, 2009.

BRUNEL Philippe, *Le Tour de France intime*, Calmann-Lévy, 1995.

—, *Vie et mort de Marco Pantani*, Grasset, 2007.

—, *Rouler plus vite que la mort*, Grasset, 2018.

BUZZATI Dino, *Sur le Giro 1949*, Éd. So Lonely, 2017.
CARREY Pierre, *Le Giro, la course la plus dure du monde*, Hugo Sport, 2019.
—, *Le Tour de France à dévorer*, Éd. DirectVelo, 2016.
— et ENDRIZZI Luca (dir.), *Secrets de maillots jaunes*, Hugo Sports, 2018.
CHANY Pierre et CAZENEUVE Thierry, *La Fabuleuse Histoire du Tour de France*, Éd. Minerva, 2003.
COLLECTIF, *L'Équipe, cent ans de Tour de France*, 2003.
COLLECTIF, *L'Équipe raconte le Tour de France*, 2018.
CONORD Fabien, *Le Tour de France à l'heure nationale*, PUF, 2014.
DEVILLE Louis, *La Légende des cycles et autres chroniques*, Éd. Micheline Deville, 2011.
DROUSSENT Claude, *1000 maillots du Tour de France*, Éd. de La Martinière, 2016.
—, *Maillots jaunes. Le Tour par ceux qui ont écrit sa légende*, Gründ, 2017.
FIGNON Laurent, *Nous étions jeunes et insouciants*, Grasset, 2009.
FOTTORINO Éric, *Petit éloge du Tour de France*, Folio, 2013.
FOURNEL Paul, *Besoin de vélo*, Éd. du Seuil, 2001 ; Points, 2008.
—, *Anquetil tout seul*, Éd. du Seuil, 2012.
FRALON José-Alain, *Les Secrets du Tour de France*, Librairie Vuibert, 2016.
HEIMERMANN Benoît, *Ils ont écrit le Tour de France*, Flammarion, 2013.
JEAN Yves, *Les Victoires de Poulidor*, Arthaud, 2013.
LABORDE Christian, *Duel sur le volcan*, Albin Michel, 1998.
—, *Robic 1947*, Éd du Rocher, 2017.
—, *Dictionnaire amoureux du Tour de France*, Plon, 2007.

LAGET Serge, *Le Bêtisier du Tour de France*, Éd. du Rocher, 2010.

—, *100 ans de maillot jaune*, Hugo Sport, 2018.

LONDRES Albert, *Les Forçats de la route*, Arlea, 1996.

LOUY Xavier, *Sauvons le Tour !*, Éd. Prolongations, 2007.

MALAPARTE Curzio, *Les Deux Visages de l'Italie. Coppi et Bartali*, Bernard Pascuito, 2007.

PASTOUREAU Michel, *Les Couleurs de nos souvenirs*, Éd. du Seuil, 2010.

PENOT Christophe, *Jacques Augendre. La mémoire du Tour de France*, Éd. Cristel, 2001.

PÉTRARQUE, *L'Ascension du mont Ventoux*, Éd. Mille et une nuits, 2001.

POULIDOR Raymond, avec Georges Dirand et Pierre Joly, *La Gloire sans maillot jaune*, Calmann-Lévy, 1968.

PRUDHOMME Christian, avec Jean-Paul Ollivier, *Le Tour de France. Coulisses et secrets*, Plon, 2017.

TOSCANO Alberto, *Un vélo contre la barbarie nazie. L'incroyable destin du champion Gino Bartali*, Armand Colin, 2018.

VIOLLET Sandrine, *Le Tour de France cycliste, 1903-2005*, L'Harmattan, 2014.

WINOCK Michel, *Chronique des années soixante*, Points Histoire, 1990.

REMERCIEMENTS

Merci à Philippe Robinet, le sponsor de l'équipe, pour sa confiance renouvelée.

Merci à Denis Jeambar, mon directeur sportif.

Merci à Claire Portevin, pour son œil à la fois novice et expert de « capitaine de route ».

Merci à Marine Montégut, Anne-Lise Ferraro, Guillaume Müller-Labé, Nathalie Segaunes, Patricia Gillet et Jean-Luc Bœuf pour leur travail de relecture et leur regard amical, qui m'ont permis de finir l'étape.

Merci aux journaux qui m'ont permis de réaliser mon rêve d'enfant en suivant des étapes du Tour : *La Nouvelle République du Centre-Ouest*, *La Vie*, *Ouest-France*, *Le Parisien* et *L'Opinion*.

TABLE DES MATIÈRES

LE TOUR DE FRANCE ET LA FRANCE DU TOUR

Composition et mise en pages
Nord Compo à Villeneuve-d'Ascq

Achevé d'imprimer en juin 2019
par La Nouvelle Imprimerie Laballery
58500 CLAMECY
pour le compte des éditions Calmann-Lévy
21, rue du Montparnasse 75006 Paris

PAPIER À BASE DE
FIBRES CERTIFIÉES

CALMANN LEVY s'engage
pour l'environnement en réduisant
l'empreinte carbone de ses livres.
Celle de cet exemplaire est de :
400 g éq. CO_2
Rendez-vous sur
www.calmann-levy-durable.fr

N° d'éditeur : 54 - 7800 - 1/01
N° d'imprimeur : 906058
Dépôt légal : mai 2019
Imprimé en France.